Katrin Tempel
Bewährte Hausmittel neu entdecken

W0189536

KATRIN TEMPEL

# BEWÄHRTE HAUSMITTEL NEU ENTDECKEN

## Die besten Tipps und Rezepte für Gesundheit, Küche, Garten und Haushalt

Mit 95 farbigen Abbildungen

**PIPER**

*Mehr über unsere Autoren und Bücher:*
*www.piper.de*

Von Katrin Tempel liegen im Piper Verlag vor:
Das Novembermädchen
Über dem Meer die Freiheit
Rosmarinträume
Mandeljahre
Holunderliebe

**MIX**
Papier aus verantwor-
tungsvollen Quellen
FSC
www.fsc.org    **FSC® C083411**

Originalausgabe
ISBN 978-3-492-31516-6
März 2020
© Piper Verlag GmbH, München 2020
Dieses Wek wurde vermittelt durch die Autoren-
und Projektagentur Gerd F. Rumler (München)
Fotografien/Illustrationen: Shutterstock/www.BioLib.de
Satz: psb, Berlin
Gesetzt aus der ITC Stone serif
Litho: Lorenz & Zeller, Inning am Ammersee
Druck und Bindung: CPI books GmbH, Leck
Printed in Germany

# INHALT

## KÜCHE

## GARTEN

# VORWORT

In diesem Buch steht nichts Neues. Das Wissen, die Rezepte, die Anwendungen: alles altbekannt. In der Mitte des letzten Jahrhunderts wären diese Hausmittel wahrscheinlich nie in einem Buch gelandet – aus dem schlichten Grund: Es kannte sie ohnehin (fast) jeder.

Aber dann kam die Zeit, in der Wäsche plötzlich nicht nur sauber, sondern rein sein sollte. Hausfrauen ein schlechtes Gewissen haben sollten, weil die Wäsche nicht perfekt war. Geschirr, das richtig sauber ist, musste glänzen – und bei all diesen Botschaften war eine Sache klar: Es reicht nicht, wenn du deine alten Hausmittel verwendest. Es müssen die Kraftreiniger in der bunten Packung, die genialen Wirkstoffkombinationen aus der Apotheke, der Superdünger aus dem Gartencenter oder das Schlemmerfilet aus der Tiefkühltruhe sein.

Und die alten Rezepte gerieten in Vergessenheit. Kernseife und Essig klang nach miefiger Vergangenheit, das Leben war frühlingsfrisch und porentief rein. Es mussten einige Jahrzehnte vergehen, bis sich so mancher fragt, ob die alten Hausmittel wirklich so schlecht waren. Immerhin waren in diesen Mitteln nur wenige, meistens sehr preiswerte Zutaten enthalten – und wenig Chemie. Sie sind günstig und durch die wenigen Zutaten leicht herzustellen. Bei keiner der Zutaten kann es zu einer Überraschung kommen, weil plötzlich ein Inhaltsstoff als gesundheitsgefährdend eingestuft wird.

In diesem Buch habe ich die Hausmittel zusammengetragen, die meiner Einschätzung nach am wichtigsten sind. Also Reinigungsmittel, die ihren Namen auch verdienen. Kosmetika, die natürlich pflegen. Gartentipps, die im Einklang mit der Natur funktionieren. Ideen in der Küche, die Abfälle reduzieren und echten Geschmack in den Mittelpunkt stellen.

Je nach Lebenslage und Problem finden Sie in den einzelnen Kapiteln dieses Buches schnell die passenden Hausmittel. Also: Wenn ein Hausputz ansteht, die Haut nach einem Insektenstich juckt, das alte Brot sich häuft oder die Läuse im Rosenstrauch überhandnehmen – dann findet sich auf den folgenden Seiten ganz bestimmt das passende Hausmittel.

Ich wünsche Ihnen viel Spaß beim Entdecken des Altbekannten!

*Ihre Katrin Tempel*

# APOTHEKE & DROGERIE

## 1 DIE ZWANZIG WICHTIGSTEN WILDKRÄUTER

Es grünt so grün … das ist häufig das Einzige, was wir auf der Wiese sehen. Viele grüne Blätter in den unterschiedlichsten Formen und ein paar Blüten, meistens in Gelb oder Weiß. Löwenzahn und Gänseblümchen erkennt jeder noch problemlos – aber dann wird es oft schwierig. Und die Frage nach Essbarkeit, Verwendung oder gar Heilwirkung sorgt endgültig nur noch für ein Achselzucken. Dabei ist es gar nicht so schwer. Mit Beschreibung und Bildern kann wirklich jeder die wichtigsten Wildkräuter erkennen – und damit auch ihre Wirkstoffe für sich nutzen.

Will man selbst Pflanzen sammeln, um Heilmittel, Tees oder Kosmetika daraus zu gewinnen, gibt es jedoch ein paar Dinge zu beachten: Sie sollten nicht direkt neben stark befahrenen Straßen gepflückt werden. In städtischen Parks kann es schon mal sein, dass ein Hund ins Grün gepinkelt hat – dort gesammelte Pflanzen sollte man daher länger waschen. Ausgiebiges Waschen sorgt allerdings häufig dafür, dass die Blätter weniger Wirkstoffe aufweisen. Also: Besser eine abgelegene Wiese suchen. Direkt neben landwirtschaftlich genutzten Flächen sollte man sich sicher sein, dass die Felder ökologisch bewirtschaftet werden. Sonst kann es

sein, dass Dünger oder Schädlingsbekämpfungsmittel auf den Pflanzen sind.

Generell gilt: Blätter und Blüten sollten dann gesammelt werden, wenn sie trocken sind – der Morgentau sollte schon getrocknet sein. Sammeln im Regen macht nicht nur keinen Spaß, sondern ist auch nicht zweckmäßig. Die ideale Sammelzeit für Blätter und Blüten ist am Vormittag, da sind sie frisch von der Nacht, aber nicht mehr feucht vom Tau. Knospen sollten kurz vor dem Aufblühen geerntet werden. Am meisten Wirkstoffe enthalten Blätter, Blüten und Knospen bei zunehmendem Mond.

Bei Wurzeln ist das anders. Sie werden am besten am Abend ausgegraben, dann sind sie am gehaltvollsten. Noch besser ist die Ernte bei abnehmendem Mond.

Samen und Früchte lassen sich den ganzen Tag ernten – sie sollten allerdings reif sein.

Beim Sammeln in der freien Natur bitte immer nur kleine Mengen für den Eigenbedarf entnehmen und nicht ganze Wiesen absammeln, die ausreichen würden, um die Jahresproduktion für ein Dorf sicherzustellen.

Aber welche Pflanzen lassen sich denn nun problemlos bestimmen?

Hier sind die zwanzig, die wirklich jeder erkennen kann. Und die es auch häufig gibt.

# ACKERMINZE
## (MENTHA ARVENSIS)

**WEITERER NAME:**
Kornminze, Japanische Minze

**MERKMALE:**
Höhe 10–40 cm. Der Stängel ist aufrecht, behaart und vierkantig. Die ganze Pflanze riecht aromatisch nach Menthol. Die spitz zulaufenden Blätter sind gegenständig und leicht gesägt bis gekerbt. Die rosa-violetten Blüten sind 4–6 mm lang und stehen in kugeligen Scheinquirlen in den Blattachsen.

**BLÜTEZEIT:**
Juli bis September

**VORKOMMEN:**
Feuchte Wiesen, Brachland, Schuttplätze und Ackerränder

**VERWENDUNG ALS HEILPFLANZE:**
Ein Tee aus den frischen Blättern wirkt gegen Verdauungsbeschwerden und bei Erkältungen. Er kann auch gegen Kopfschmerzen und Migräne getrunken werden. Ein Umschlag mit kaltem Tee wirkt gegen Hautentzündungen. Das ätherische Öl, das sich in japanischem Minzöl befindet, kann als schmerzstillende Einreibung, z. B. an den Schläfen, gegen Kopfschmerzen eingesetzt werden.

**VERWENDUNG IN DER KÜCHE:**
Die Blätter können Sommersalaten eine erfrischende Note geben – oder arabischen Gerichten wie Taboulé einen authentischen Geschmack. Außerdem können sie Sommergetränken oder -desserts eine eigene Note verleihen.

# ACKERSTIEFMÜTTERCHEN
## (VIOLA ARVENSIS)

**WEITERE NAMEN:**
Muttergottesschuh, Liebesgesichtli, Schöngesicht, Mädchen-augen

**MERKMALE:**
10–20 cm hoch. Blätter ei bis herzförmig. Die hellgelben Blüten stehen einzeln. Sind die oberen Blüten violett, handelt es sich um *Viola tricolor* – also ein wildes Stiefmütterchen. Es kann aber genauso verwendet werden wie sein Kollege.

**BLÜTEZEIT:**
Mai bis Oktober

**VORKOMMEN:**
Wiesen, Wegränder und Brachflächen

**VERWENDUNG ALS HEILPFLANZE:**
Ein Tee aus den Blüten wirkt bei schuppigen Hauterkrankungen und trockenem Husten. Äußerlich kann man mit dem Tee bei Akne und Hauterkrankungen Waschungen vornehmen.

**VERWENDUNG IN DER KÜCHE:**
Die Blüten schmecken süßlich im Salat – und sind eine wahre Augenweide. Die jungen Blätter schmecken ebenfalls im Salat.

# BALDRIAN
## (VALERIANA OFFICINALIS)

**WEITERER NAME:**
Tollerjan, Katzenkraut

**MERKMALE:**
Bis zu 2 m hohe krautige Pflanze. Die Blätter sind hellgrün, stehen gegenständig am hohlen Stängel und sind paarig gefiedert. Der Blütenstand ist verzweigt und schirmförmig, die Einzelblüten sind nur 2–4 mm groß und weiß bis zart rosa mit einem zarten, angenehmen Duft.

**BLÜTEZEIT:**
Juni bis August

**VORKOMMEN:**
Ufer, nasse Auen, feuchte Wälder, Waldränder

**VERWENDUNG ALS HEILPFLANZE:**
Die Wirkung von Baldrian ist fast sprichwörtlich: Diese Pflanze wirkt bei Nervosität, Schlafstörung und psychosomatischen Krankheiten. Sie macht nicht müde, sondern wirkt vor allem entspannend – man kann sie also auch tagsüber, z. B. bei Prüfungen einsetzen. Aus den Baldrianblüten kann man einen Kaltauszug herstellen, die getrockneten Blüten verbreiten in einem Kräuterkissen ihren Duft und sorgen für einen ruhigen Schlaf. Stärker in der Wirkung ist die Wurzel, die im Herbst gesammelt wird. Aus ihr kann man eine Tinktur oder einen Kaltauszug herstellen.

**VERWENDUNG IN DER KÜCHE:**
Der Geschmack ist bitter-herb, kann aber in kleinen Mengen einem Kräuterquark eine interessante Note verleihen.

# BÄRLAUCH
## (ALLIUM URSINUM)

**WEITERE NAMEN:**
Ramsen, Wald- oder Hundsknoblauch, Hexenzwiebel

**MERKMALE:**
Zwiebelgewächs mit leichtem Knoblauchgeruch und 20–30 cm Höhe. Die Stängel sind dreikantig. Die Blätter sind breit, glatt, an der Oberseite glänzend, an der Unterseite matt, mit deutlich erkennbarem Stiel. Meist zwei grundständige Blätter pro Zwiebel. Die Blüten stehen in einer kugeligen Scheindolde und bestehen aus sechs reinweißen Blütenblättern.

**BLÜTEZEIT:**
April bis Mai

**VORKOMMEN:**
Schattige, feuchte Wälder, unter Sträuchern und an Bächen

**VERWENDUNG ALS HEILPFLANZE:**
Die frischen Blätter wirken gegen Bluthochdruck und erhöhte Blutfettwerte. Sie werden wie Knoblauch bei altersbedingten Gefäßveränderungen eingesetzt.

**VERWENDUNG IN DER KÜCHE:**
Im Frühjahr können klein geschnittene Blätter des Bärlauchs wie Knoblauch verwendet werden – also im Pesto oder zum Aromatisieren von Soßen oder Kräuterquark. Die Blätter können auch direkt in Salat gegeben werden.

**VORSICHT:**
Der Bärlauch kann mit Maiglöckchen oder Herbstzeitlosen verwechselt werden – beide sind giftig. Nur der Bärlauch riecht nach Knoblauch und »knackt«, wenn man den Stängel abknickt. Maiglöckchen haben gerollte Blätter, die Blätter der Herbstzeitlose sind sehr viel schlanker als die des Bärlauchs.

# BRENNNESSEL
## (URTICA DIOICA)

**WEITERE NAMEN:**
Nessel, Nettel

**MERKMALE:**
Bis zu 2 m hohe, gerade, vierkantige Stängel. Stängel und Blätter sind mit Brennhaaren besetzt, die bei Berührung brechen und mit ihrer Säure dafür sorgen, dass die Haut juckt und brennt. Die Blätter sind groß, mit gesägten Rändern und gegenständig. Die Blüten sind unscheinbar grünlich und wachsen in Rispen aus den Blattachseln.

**BLÜTEZEIT:**
Juni bis Oktober

**VORKOMMEN:**
Überall, wo man sie lässt. Die Brennnessel wächst in Gruppen an nährstoffreichen Plätzen, in Gärten, auf Wiesen und an Waldrändern.

**VERWENDUNG ALS HEILPFLANZE:**
Ein Tee aus den Blättern wirkt durchspülend bei Erkrankungen der ableitenden Harnwege, bei rheumatischen Be-

schwerden und chronischen Hauterkrankungen kann der
Tee auch als Einreibung verwendet werden.

### VERWENDUNG IN DER KÜCHE:
Brennnesselblätter können wie Spinat verwendet werden. Sie sind ein wahres Superfood – wirklich lecker
sind aber nur die jungen Triebe.

### TIPP:
Beim Sammeln Handschuhe tragen – und dann
die Blätter mit einem Nudelholz bearbeiten. So werden die
Brennhaare zerstört und können keinen Schaden mehr anrichten.

# BRUNNENKRESSE
## (NASTURTIUM OFFICINALE)

### WEITERE NAMEN:
Bachkresse, Bitterkresse, Paderkerse, Kersche, Wassersenf

### MERKMALE:
Bis zu 70 cm lange, über den Boden kriechende oder im
Wasser liegende Stängel. Die Triebe sind kahl, die
Blätter bestehen aus 5–9 Teilblättchen mit einem größeren Endteilblatt. Die Blätter sind
glänzend dunkelgrün. Die Blüten sind etwa
5 mm groß, weiß mit 4 Blütenblättern und
auffallend gelben Staubblättern.

### BLÜTEZEIT:
Mai bis Juli

### VORKOMMEN:
Bäche, Quellen und klare, fließende Gewässer

**VERWENDUNG ALS HEILPFLANZE:**
Das rohe, frische Kraut ist harntreibend und regt den Stoffwechsel an. Außerdem ist es nützlich bei Entzündungen im Mund und Katarrhen der Atemwege. Das gequetschte, frische Kraut kann als Auflage für rheumatische Beschwerden verwendet werden.

**VERWENDUNG IN DER KÜCHE:**
Der Geschmack ist scharf-bitter. Brunnenkresse schmeckt in Salaten, Suppen und Soßen – ganz besonders im Rahmen einer Frühlingskur regt sie den Stoffwechsel an.

# GÄNSEBLÜMCHEN
## (BELLIS PERENNIS)

**WEITERE NAMEN:**
Augenblümchen, Himmelsblume, Mondscheinblume, Marienblümchen, Tausendschön, Regenblume, Angerbleamerl

**MERKMALE:**
Höhe 5–15 cm, Stängel aufrecht, behaart und blattlos. Blattrosette mit spatelförmigen Blättern. Blütenköpfchen weiß, an der Unterseite oft rötlich-rosa.

**BLÜTEZEIT:**
Februar bis November

**VORKOMMEN:**
Wiesen, Weiden, Wegränder und Parkanlagen.

**VERWENDUNG ALS HEILPFLANZE:**
Am häufigsten wird aus den frischen Blüten ein Tee aufgebrüht, der gegen Katarrhe der Atemwege, Erkältungen und Leberleiden verwendet wird. Möglich ist auch eine Verwendung als Tinktur – oder man kann einfach die ganze, frische blühende Pflanze roh essen, um die gesunde Wir-

kung des Gänseblümchens zu nutzen. Frisches gequetschtes Kraut kann als Auflage bei Akne und kleinen Wunden hilfreich sein.

### VERWENDUNG IN DER KÜCHE:
Die Blüten sehen im Salat schön aus und bringen viele Mineralstoffe (Kalium, Kalzium, Magnesium, Eisen) und Vitamine (A, C) mit. Gehackt kommen sie auch in den Quark oder in Frühlingssuppen. Die Knospen können in Salzlake als »Kapern« eingelegt werden.

## GÄNSEFINGERKRAUT
### (POTENTILLA ANSERINA)

### WEITERE NAMEN:
Dreckkraut, Fingerkraut, Handkraut, Martinshand, Maukenkraut, Ganspratzen, Säukraut

### MERKMALE:
Höhe 10–25 cm. Der Stängel liegt auf dem Boden, wächst kriechend. Die Ausläufer wurzeln an den Knoten und bilden Blätter – daher bedeckt das Gänsefingerkraut häufig recht große Flächen. Die Blätter wachsen in Form einer Rosette, sind an der Oberseite grün, an der Unterseite silbrig-seidig behaart, unterbrochen gefiedert und deutlich gesägt. Die Blüten sind gelb, 2–3 cm breit mit 5 Blütenblättern.

### BLÜTEZEI:
Mai bis August

**VORKOMMEN:**
Wegränder von Acker- und Weideflächen, nasse Rasen und
Gärten

**VERWENDUNG ALS HEILPFLANZE:**
Frische Blätter werden mit heißer Milch übergossen und
dann heiß getrunken. Diese Milch wirkt gegen schmerzhafte Monatsblutungen, Darmkrämpfe, Wadenkrämpfe und
krampfartigen Husten. Aus den getrockneten Blättern und
Blüten kann man auch einen Tee gegen die gleichen Beschwerden herstellen – der Tee ist allerdings weniger wirksam als die Milch. Den abgekühlten Tee kann man zudem
äußerlich für Waschungen von schlecht heilenden Wunden
einsetzen.

**VERWENDUNG IN DER KÜCHE:**
Gänsefingerkraut enthält viel Vitamin C. Die Wurzeln
schmecken nussig und etwas nach Karotten, die Blätter geben einem Salat eine saure, herbe Note.

# GIERSCH
## (AEGOPODIUM PODAGRARIA)

**WEITERE NAMEN:**
Dreiblatt, Erdholler, Zipperleinskraut, Podagra-
kraut, Hinfuss

**MERKMALE:**
Höhe 50–100 cm, Stängel aufrecht, unbehaart,
rund mit v-förmiger Rinne. Die Blätter sind
doppelt dreizahnig gefiedert, Teilblätter eiförmig zugespitzt, gesägt. Die Blütendolde besteht
aus 15–20 gleich langen, kleinen Dolden mit
kleinen, weißen Blüten. Eiförmige, glatte Früchte.

**BLÜTEZEIT:**
Mai bis Juli

**VORKOMMEN:**
Gärten, Waldränder, in Hecken und in Laubwäldern

**VERWENDUNG ALS HEILPFLANZE:**
Die Blätter können frisch oder getrocknet als Tee aufgebrüht werden, der bei leichten Blasenentzündungen, Rheuma oder Gicht eingesetzt wird. Das frische, gequetschte Kraut kann zudem als Umschlag verwendet werden – es wirkt auch bei Insektenstichen, Sonnenbrand und kleinen Wunden.

**VERWENDUNG IN DER KÜCHE:**
Giersch ist eines der wertvollsten Wildgemüse. Der Geschmack ist möhrig-aromatisch, und es enthält viele Mineralien, Vitamin C und A. Die beste Unkrautbekämpfung ist also ganz einfach: aufessen.

# GUNDERMANN
## (GLECHOMA HEDERACEA)

**WEITERE NAMEN:**
Gundelrebe, Soldatenpetersilie, Erdefeu, Hederich, Blauhuder, Udram, Donnerrebe, Zickelskräutchen

**MERKMALE:**
Höhe 15–40 cm, die Stängel bilden lange, wurzelnde Ausläufer, die liegend und vierkantig sind. Die blauvioletten Blüten richten sich von diesen Ausläufern auf. Sie sitzen zu zweit oder zu dritt direkt über den Blattpaaren. Die Blätter sind nieren- oder herzförmig, grob gekerbt und gegenständig.

**BLÜTEZEIT:**
März bis Juni

**VORKOMMEN:**
Feuchte und schattige Wiesen-, Weg- und Waldränder, Hecken und schattige Gärten

**VERWENDUNG ALS HEILPFLANZE:**
Hier signalisiert der Name schon die Verwendung – »Gund« bedeutete früher »Eiter«. Das blühende, frische Kraut kann als Tee zubereitet werden und wirkt gegen Blasenentzündungen, chronische Bronchitis und chronischen Schnupfen. Äußerlich hilft der abgekühlte Tee als Waschung bei schlecht heilenden, eiternden Wunden. Ein Auszug in Pflanzenöl oder eine Gundermann-Salbe kann ebenfalls für die Behandlung von Wunden verwendet werden.

**VERWENDUNG IN DER KÜCHE:**
Die Blätter schmecken sehr aromatisch nach Thymian und Minze – also sparsam in Kräuterquark oder Kräuterbutter verwenden.

# GEWÖHNLICHES HIRTENTÄSCHEL
## (CAPSELLA BURSA-PASTORIS)

**WEITERE NAMEN:**
Blutwurz, Löffeldieb, Schülersäckel, Täschelkraut, Herzelkraut

**MERKMALE:**
Höhe 10–70 cm, Stängel aufrecht. Das unscheinbare Kraut wird am leichtesten durch die kleinen, dreieckigen »Täschchen« erkannt. Das sind die Früchte des Krauts, die ihm auch seinen Namen gegeben haben. Die Blätter sind dem

Löwenzahn ähnlich, umfassen den Stängel und sind ungeteilt. Die 4 weißen Blütenblätter sitzen am Ende eines Stiels.

**BLÜTEZEIT:**
Januar bis November

**VORKOMMEN:**
Gärten, Äcker, Wegränder, Weinberge und Unkrautfluren

**VERWENDUNG ALS HEILPFLANZE:**
Die bekannteste Wirkung des Hirtentäschels ist seine Kraft als Blutstiller. Ein Tee aus der frischen oder getrockneten blühenden Pflanze wird nach Geburten oder bei starker Regelblutung eingesetzt. Bei einer frühen Schwangerschaft kann der Tee zum Zusammenziehen der Gebärmutter führen – und sollte nicht getrunken werden. Während der Geburt wirkt er wehenfördernd. Das gequetschte, frische Kraut kann man auf Wunden legen – oder als Tamponage bei Nasenbluten einsetzen.

**VERWENDUNG IN DER KÜCHE:**
Junge Blätter schmecken ähnlich wie Rauke.

## HUFLATTICH
### (TUSSILAGO FARFARA)

**WEITERE NAMEN:**
Brustlattich, Fohlenfuß, Lehmblümel, Märzblume, Sandblume, Sommertürl

**MERKMALE:**
Höhe 10–20 cm. Zuerst erscheint hier im frühen Frühjahr die leuchtend gelbe Blüte auf einem schuppigen Stängel –

sie wird beim schnellen Hinsehen gerne mit Löwenzahn verwechselt (kann aber leicht unterschieden werden: Es fehlen die Blätter!). Erst nach der Blüte tauchen die Blätter auf, langgestielt, an der Oberseite grün und teilweise mit einem weißen »Gespinst« überzogen, an der Unterseite weiß und filzig behaart. Die Blätter sind herzförmig, bis zu 20 cm lang und unregelmäßig gezähnt.

**BLÜTEZEIT:**
Februar bis April

**VORKOMMEN:**
Lehmige Wegfluren, Ufer, Weg- und Feldränder

**VERWENDUNG ALS HEIL-PFLANZE:**
Ein Kaltauszug aus Huflattich-blättern dient in erster Linie als Heilmittel bei allen Varianten des Hustens. Dabei sollte der Tee als Kaltauszug zubereitet werden – sonst werden die enthaltenen heilsamen Schleime zerstört. Er hilft besonders bei trockenem Reizhusten, chronischer Bronchitis und kann bei Entzündungen der Mundschleimhaut auch als Gurgelmittel verwendet werden. Achtung: Wegen der Alkaloide sollte der Tee nicht länger als 4 Wochen im Jahr getrunken werden. Huflattichblätter können auch mit einem Nudelholz weich gewalkt und dann direkt als Auflage auf Prellungen und Blutergüsse gegeben werden.

**VERWENDUNG IN DER KÜCHE:**
Blüten und Stängel schmecken gedünstet ähnlich wie Spargel.

# KAMILLE
## (MATRICARIA RECUTITA)

**WEITERE NAMEN:**
Apfelblümlein, Ganille, Hermel, Herminzel, Kummerblume, Mägdeblume, Mutterkraut, Laugenblume

**MERKMALE:**
Höhe 20–50 cm, aromatisch duftend. Der Stängel ist aufrecht, rund, kahl und stark verzweigt. Die Blätter sind zart und 2- bis 3-fach fiederteilig. Die Blüten sind 10 bis 25 mm breit, weiße Blütenblätter um gelbe Röhrenblüten innen – der Blütenboden ist kegelförmig und hohl.

**BLÜTEZEIT:**
Mai bis August

**VORKOMMEN:**
Brachland, Weg- und Straßenränder sowie Getreideäcker

**VERWENDUNG ALS HEILPFLANZE:**
Die Blütenköpfchen können als Tee oder Tinktur bei Magen-Darm-Erkrankungen und Menstruationsbeschwerden helfen. Der Tee wirkt sowohl bei Durchfall als auch bei Verstopfung und Blähungen. Ein Bad oder eine Inhalation mit den Blüten hilft bei Entzündungen der Haut und der Schleimhäute, Entzündungen im Mund- und Rachenraum sowie bei Entzündungen im Anal- und Genitalbereich.

**VERWENDUNG IN DER KÜCHE:**
Frische Blüten können eine essbare Dekoration für Salat sein.

# KLETTE
## (ARCTIUM LAPPA)

**WEITERE NAMEN:**
Haarballe, Haarwachswürze, Kinzel, Klebern, Klibe, Wolfs-
kraut

**MERKMALE:**
Höhe 50–160 cm. Die Pflanze ist zweijährig. Im
ersten Jahr wachsen große, herzförmige Blätter
in Bodennähe. Erst im zweiten Jahr wächst ein
aufrechter Stängel, der oben verzweigt ist. Die
Blätter, die nach oben hin immer kleiner werden, sind herzförmig, sehr groß, meist ganzrandig, an der Oberseite grün und an der Unterseite weißgrau behaart. Die roten bis violetten
Blüten wachsen doldentraubig an den Enden
der Zweige. Sie sind rund und erinnern an Dis-
telblüten. Das Besondere sind die vielen Hüll-
blätter, die eine hakig umgebogene Spitze haben.
Mit diesen Stacheln verhaken sich die Kletten in Kleidern und Tierfell. Die Wurzeln sind lang und spindelförmig.

**BLÜTEZEIT:**
Juli bis September

**VORKOMMEN:**
Wegränder, Schuttplätze, Brachland und Ufer

**VERWENDUNG ALS HEILPFLANZE:**
Aus den frischen Wurzeln kann man einen Kaltauszug her-
stellen. Dieser dient zur Blutreinigung, zur Förderung der
Leber-Galle-Tätigkeit und kann bei Rheuma und Hautleiden
eingesetzt werden. Äußerlich wirken Haarspülungen mit
Klettenwurzeltee gegen Haarausfall und Schuppen. Kletten-

wurzeln als Ölauszug werden als Einreibung bei rheumatischen Beschwerden verwendet.

**VERWENDUNG IN DER KÜCHE:**
Die geschälte und gekochte Wurzel kann ähnlich wie Karotten oder Schwarzwurzeln zubereitet werden.

## LÖWENZAHN
### (TARAXACUM OFFICINALE)

**WEITERE NAMEN:**
Butterblume, Kuhblume, Millidistel, Bettseicher

**MERKMALE:**
Höhe 10–40 cm. Stängel aufrecht, blattlos, hohl und milchsaftführend. Die Blätter bilden eine Bodenrosette und sind unregelmäßig tief eingeschnitten, länglich und unbehaart. Die sonnengelben Korbblüten stehen einzeln am Ende des Stängels. Die Früchte bilden schirmartige Flughaare aus – die berühmte »Pusteblume«.

**BLÜTEZEIT:**
April bis Juni

**VORKOMMEN:**
Gärten, Wiesen, Weiden, Unkrautfluren – eigentlich überall, wo man sie lässt.

**VERWENDUNG ALS HEILPFLANZE:**
Die Milch aus dem Stängel soll gegen Warzen helfen. Das Kraut der nicht blühenden Pflanze kann als Salat gegessen werden und wirkt verdauungsfördernd, harntreibend und entzündungshemmend. Die Blätter können auch als Tee aufgebrüht werden, einzusetzen bei Blasenentzündungen und rheumatischen Erkrankungen.

**VERWENDUNG IN DER KÜCHE:**
Aus den Knospen können in einer Salzlake falsche Kapern
hergestellt werden. Aus Blüten, Zucker und Zitronen kann
man einen Sirup kochen, der als »Löwenzahnhonig« genos-
sen werden kann. Die bitteren Blätter schmecken im Salat
ähnlich wie Rucola.

# MÄRZVEILCHEN
## (VIOLA ODORATA)

**WEITERE NAMEN:**
Heckenveigerl, Marienstengel, Osterveigel, Schwalbenblume

**MERKMALE:**
Höhe 5–15 cm mit oberirdisch wurzelnden Ausläufern. Die Blätter bilden eine bodennahe Rosette.
Sie sind nieren- bis herzförmig, lang gestielt, am
Rand gekerbt und behaart. Die Blüte ist dunkel-
violett und wohlriechend mit fünf Blütenblättern,
wobei das untere Blütenblatt einen Sporn hat.

**BLÜTEZEIT:**
März bis April

**VORKOMMEN:**
Waldränder, Hecken, Laubwälder und feuchte,
schattige Wiesen

**VERWENDUNG ALS HEILPFLANZE:**
Ein Tee aus Wurzeln und Kraut wird seit jeher bei
festsitzendem Husten angewendet. Der Tee wirkt aber
auch beruhigend und als mildes Schlafmittel. Äußerlich
kann er als Bad oder Kompresse verwendet werden und eignet sich zur Behandlung von Gicht und Rheuma.

DIE ZWANZIG WICHTIGSTEN WILDKRÄUTER | 27

**VERWENDUNG IN DER KÜCHE:**
Die duftenden Blüten dienen der Aromatisierung von Limonade oder zur Herstellung von Sirup. Sparsam verwenden – der Geschmack ist sehr intensiv.

## RUPRECHTSKRAUT
### (GERANIUM ROBERTIANUM)

**WEITERE NAMEN:**
Stinkender Storchschnabel, Gottesgnadenkraut

**MERKMALE:**
Höhe 10–50 cm. Die gesamte Pflanze verströmt einen intensiven Geruch, der von vielen Menschen als unangenehm empfunden wird. Der Geruch erinnert an Möhren oder Wanzen – je nachdem, ob man ihn mag oder nicht. Der Stängel ist aufrecht, verzweigt, rot überlaufen und behaart. Die Blätter sind fiederteilig mit 3 bis 5 gestielten, doppelt fiederspaltigen abstehenden Teilblättern. Die Blüten sind hellrosa mit behaartem Kelch, fünf rosa Kelchblättern und rotbraunen Staubblättern. Die Früchte sehen aus wie ein Storchenkopf mit langem Schnabel.

**BLÜTEZEIT:**
Mai bis Oktober

**VORKOMMEN:**
Schuttplätze, Mauern, Brachland, Hecken und feuchte Wälder

**VERWENDUNG ALS HEILPFLANZE:**
Das Kraut kann als Tee aufgebrüht werden und hilft bei Durchfall und Magen-Darm-Entzündungen. Der Tee kann

auch zum Gurgeln bei Entzündungen im Mundraum verwendet werden.

**VERWENDUNG ALS HEILPFLANZE:**
Die rosa Blüten sind essbar.

---

# SCHAFGARBE
## (ACHILLEA MILLEFOLIUM)

---

**WEITERE NAMEN:**
Bauchwehkraut, Blutkraut, Frauenkraut, Gotteshand, Katzenschwanz, Lämmerzunge, Tausendblatt, Soldatenkraut

**MERKMALE:**
Höhe 20–100 cm. Stängel aufrecht, kantig, behaart und im oberen Teil verzweigt. Die Blätter sind wechselständig, stark gefiedert (auch die Teilblättchen sind gefiedert). Die Blüten sitzen in einem flachen, doldenähnlichen Blütenstand und haben 4 bis 6 weiße oder schwach rosafarbene Zungenblüten.

**BLÜTEZEIT:**
Juni bis Oktober

**VORKOMMEN:**
Wiesen, Wegränder und Weiden

**VERWENDUNG ALS HEILPFLANZE:**
Das frische oder getrocknete blühende Kraut wird als Tee aufgebrüht und wirkt bei Appetitmangel, Menstruationsbeschwerden, Verdauungs- oder Magen-Darm-Störungen. Waschungen mit dem Tee helfen bei Ekzemen und Schuppenflechte. Traditionell wurde die Schafgarbe auch bei

durch Eisen hervorgerufenen Verletzungen – also bei Messerschnitten – eingesetzt. Früher hieß das Kraut deswegen auch Soldatenkraut.

**VERWENDUNG IN DER KÜCHE:**
Die Blätter können vor der Blüte in Salat oder in Kräuterbutter verwendet werden.

## SPITZWEGERICH
### (PLANTAGO LANCEOLATA)

**WEITERE NAMEN:**
Lügenblatt, Schafzunge, Spießkraut, Heilwegerich, Wegbreite, Wegtritt

**MERKMALE:**
Höhe 10–40 cm. Die Blätter bilden eine Blütenrosette auf dem Boden. Sie sind ganzrandig, schmal mit 3 bis 4 parallelen, deutlich sichtbaren Blattadern. Der Stängel ist aufrecht, blattlos und gefurcht. Die Blüten an seinem Ende sind walzenförmig und unscheinbar braun-beige mit auffälligen, langen, weißlichen Staubblättern.

**BLÜTEZEIT:**
Mai bis September

**VORKOMMEN:**
Wegränder, Wiesen, Weiden, Brachflächen und Trockenrasen

**VERWENDUNG ALS HEILPFLANZE:**
Das gequetschte Blatt wirkt vorzüglich gegen frische Insektenstiche, egal ob von Mücke, Biene oder Wespe. Außerdem kann es bei frischen Wunden als Auflage verwendet werden: Es stillt die Blutung, desinfiziert und

fördert die Heilung. Wenn die Blätter als Tee aufgebrüht werden, wirken sie gegen Katarrhe der Atemwege, Husten, Asthma und bei Entzündungen der Mundschleimhaut. Außerdem regt der Tee den Stoffwechsel an. Äußerlich hilft der Tee bei kleineren Wunden und ebenfalls bei Insektenstichen (ist aber meistens nicht schnell genug verfügbar).

**VERWENDUNG IN DER KÜCHE:**
Die jungen Knospen schmecken gekaut überraschend intensiv nach frischen Champignons oder Steinpilzen.

# VOGELMIERE
## (STELLARIA MEDIA)

**WEITERE NAMEN:**
Sternenkraut, Hühnerabbiss, Kanarienvögelkraut, Mäusedarm, Vögelichrut

**MERKMALE:**
Höhe 10–40 cm. Die Stängel sind rund, besitzen eine Haarleiste und liegen auf dem Boden. Die Blätter sind eiförmig, spitz auslaufend und sitzen gegenständig am Stängel. Die Blüte hat 5 tief eingeschnittene, weiße Blütenblätter – so sehen sie für den Betrachter wie 10 Blütenblätter aus.

**BLÜTEZEIT: ganzjährig**

**VORKOMMEN:**
Gärten, Weinberge, Äcker und Wegränder

### VERWENDUNG ALS HEILPFLANZE:

Das als Tee aufgebrühte Kraut wird bei Erkrankungen der Atemwege und bei Hautproblemen eingesetzt. Äußerlich als Bad oder Waschung verwendet, kann der Tee gegen Hautprobleme wie Geschwüre oder Abszesse helfen – es wird sogar von Erfolgen bei Schuppenflechte berichtet.

### VERWENDUNG IN DER KÜCHE:

Die Vogelmiere bietet sich als ganzjähriges Wildgemüse in Pesto, Salaten, Suppen, Quark- und Eierspeisen an. Dank ihrer Vitamine und Saponine hilft sie gegen Mangelerscheinungen und Frühjahrsmüdigkeit. Sie wirkt harntreibend, regt den Stoffwechsel und die Verdauung an und wird auch bei Rheuma und Gicht empfohlen.

# 2 DREI STRÄUCHER
## FÜR DIE GESUNDHEIT

Nicht nur auf der Wiese finden sich viele Helfer für die Gesundheit. Auch Sträucher sind altbewährte Helfer und Heiler – nicht selten wurden sie in der Nähe der Bauernhöfe gepflanzt, um die Medizin stets »griffbereit« zu haben. Hier werden meistens Blüten und Früchte verwendet, beim Weißdorn sind sogar die Blätter wirksam. Die folgenden drei Arten findet jeder in Hecken, an Waldrändern oder im Windbruch zwischen den Weiden.

## SCHLEHDORN
### (PRUNUS SPINOSA)

**WEITERE NAMEN:**
Bockbeerli, Effken, Hageldorn, Haferpflaume, Saudorn, Schlingenstrauch, Deutsche Akazie, Schwarzdorn

**MERKMALE:**
2–3 m hoher, baumartiger Strauch. Die kleinen Blätter sind oval und am Rand gesägt. Von den langen Trieben der Zweige stehen die Kurztriebe fast im rechten Winkel ab, was dem Strauch oft ein eigentümlich-skurriles Aussehen verleiht. Das wird noch verstärkt, wenn der Baum Wildverbiss oder starken Winden ausgesetzt ist: Es entstehen bizarre Krüp-

pelformen. Die Kurztriebe bilden Dornen aus. Die Rinde
ist schwärzlich. Die kleinen, weißen Blüten treiben noch
lange vor den Blättern aus – so lässt der Strauch sich zuverlässig vom Weißdorn unterscheiden, dessen Blüten erst
nach den Blättern erscheinen. Die Blüten stehen dicht am
Ende der dornigen Kurztriebe, sie haben einen Durchmesser
von circa 1,5 cm. Etwa ab Oktober ist die dunkelviolette
Frucht reif – sie erinnert an eine sehr kleine Pflaume. Das
Fruchtfleisch ist sehr sauer und herb, erst nach
den ersten Nachtfrösten wird es schmackhafter.
Die Früchte bleiben den gesamten Winter am
Strauch.

**BLÜTEZEIT:**
März bis April

**VORKOMMEN:**
Hecken, Wald- und Wegränder sowie felsige
Hänge

**VERWENDUNG ALS HEILPFLANZE:**
Aus den frischen oder getrockneten Blüten kann
man einen Tee herstellen, der als mildes Abführ-
mittel und zur Stärkung des Magens dient. Er hilft
auch bei Blasen- und Nierenproblemen. Die Früchte der
Schlehe können (nach dem ersten Frost) zu einem Mus
verarbeitet werden, das ebenfalls abführend wirkt.

**VERWENDUNG IN DER KÜCHE:**
Unreife Früchte können wie Oliven eingelegt werden. Nach
dem ersten Frost kann man aus den Früchten Mus, Marmelade, Saft, Obstwein oder Likör herstellen.

# SCHWARZER HOLUNDER
## (SAMBUCUS NIGRA)

**WEITERE NAMEN:**
Alhorn, Backholder, Eiderbaum, Elder, Eller, Hollerbusch,
Huskolder, Kelkenbusch, Schwarzholder

**MERKMALE:**
5–7 Meter hoher, baumartiger Strauch. Die Blätter sind dunkelgrün, setzen sich aus 5 bis 7 Teilblättchen zusammen, die
am Rand gesägt sind. Die Blüten sind weiß und stehen in
flachen Schirmrispen. Sie haben einen typischen,
süßlichen Geruch. Das Mark der Äste ist
weiß. Die schwarzvioletten Steinfrüchte in
überhängenden Fruchtständen gibt es ab
Anfang August.

**BLÜTEZEIT:**
Mai bis Juni

**VORKOMMEN:**
Hecken, Waldränder und Gärten (besonders
bei Bauernhöfen)

**VERWENDUNG ALS HEILPFLANZE:**
Die Blüten werden im Tee gegen Erkältungen
und für Schwitzkuren eingesetzt – gerne zusammen mit Lindenblüten. Der Tee wirkt fiebersenkend,
löst Husten und hartnäckige Verschleimungen der Nasen-
nebenhöhlen. Er kann sogar Rheuma- und Gichtbeschwer-
den lindern. Bei Schlafproblemen kann ein Holunderblü-
tentee vor dem Schlafengehen gute Dienste leisten. Ein Tee
aus den Blättern hilft beim Entschlacken und Entgiften. Ho-
lundersaft aus den Beeren stärkt die Abwehrkräfte und unterstützt den Körper bei Infektionen. Ungesüßter Beerensaft

kann bei Halsweh sehr gute Dienste leisten. Bei einem Insektenstich und kleinen Verbrennungen hat sich ein Stück Rinde auf der Haut bewährt (mit der feuchten Seite auf der Haut).

Bei diesen vielseitigen Verwendungen ist es kein Wunder, dass es von diesem Strauch in der Bauernregel heißt: »Rinde, Beere, Blatt und Blüte, jeder Teil ist Kraft und Güte, jeder segensvoll.«

Moderne Forschung hat allerdings einen relativ hohen Gehalt an Sambunrigrin in Blättern, grünen Beeren und Rinde festgestellt – das kann bei empfindlichen Menschen zu Magenschmerzen führen. Sie sollten sich vielleicht auf die Verwendung der Blüten und gekochter, reifer Beeren beschränken.

**VERWENDUNG IN DER KÜCHE:**
Aus den Holunderblüten lässt sich ein Sirup herstellen, ohne den ein »Hugo« undenkbar wäre. Man kann die Blütenstände aber auch in Mehlteig wälzen und ausbacken – das ergibt leckere Hollerküchlein. Die Beeren können als Sirup, Konfitüre, Saft oder Kompott eingekocht werden.

## WEISSDORN
### (CRATAEGUS MONOGYNA, CRATAEGUS LAEVIGATA)

**WEITERE NAMEN:**
Hagapfel, Hagedorn, Heckendorn, Mehlbaum, Mehlbeere, Müllerbrot, Weißheckdorn, Zaundorn

**MERKMALE:**
Höhe zwischen 1 und 10 m. Strauch mit Sprossdornen, dicht verzweigt. Junge Zweige sind kahl, bei älteren Ästen ist die Rinde schwarz und rissig mit Längswülsten und Furchen.

Das Holz ist schwer. Die Blätter des eingriffligen Weißdorns sind eiförmig und 3- bis 7-fach gelappt, beim zweigriffligen Weißdorn sind die Einschnitte weniger tief, die Blätter sind rundlicher. Beide Arten werden gleich verwendet und bestäuben sich gegenseitig – so entstehen ständig neue Unterarten. Die Blüten sind weiß und stehen in Doldenrispen. Die Früchte sind dunkelrot, glänzend mit einem Steinkern und schmecken mehlig.

**BLÜTEZEIT:**
Mai bis Juni

**VORKOMMEN:**
Hecken, Waldränder und zwischen Weiden als Windbruch

**VERWENDUNG ALS HEILPFLANZE:**
Ein Tee aus Blüten, Blättern oder eine Abkochung aus den Früchten hilft sanft bei nachlassender Leistungskraft des Herzens – vor allem im Alter und nach Infektionen. Dabei ist der Weißdorn nicht geeignet bei akuten Krankheitszuständen, er hilft eher zur Vorbeugung oder bei der langfristigen Behandlung von minderschweren chronischen Herzleiden.

**VERWENDUNG IN DER KÜCHE:**
Die Beeren können einer Wildfruchtmarmelade zugegeben werden, die Knospen der Blüten schmecken süßlich im Salat.

# 3 FÜNF HEILENDE BÄUME

Es würde sich lohnen, eine eigene Apotheke nur aus Bäumen zusammenzustellen – so wirkkräftig sind viele von ihnen. Mal ganz abgesehen davon, dass es schon gut für die Gesundheit ist, wenn man nur in einem Wald spazieren geht. Hier nun eine Auswahl von fünf weit verbreiteten Bäumen, die allesamt auf unterschiedliche Weise unserer Gesundheit dienen.

## BIRKE
### (BETULA ALBA)

**WEITERE NAMEN:**
Maibaum, Hexenbesen, Frühlingsbaum, Besenbaum, Bork

**MERKMALE:**
10–30 m Höhe. Sommergrüne, Laub abwerfende Bäume mit einer auffallenden weißen Borke. Die Rinde ist anfangs seidig-glatt mit sich ablösenden papierartigen Stücken. Später sind dunkle Risse zu erkennen, die sich horizontal vergrößern. Die Blätter an den Kurztrieben sind oval oder kreisförmig mit gesägten Rändern. Der Baum trägt männliche und weibliche Blüten. Die männlichen Blüten werden bereits im

Herbst gebildet und sind im Winter am Ende der Zweige zu sehen. Die weiblichen Blütenstände stehen einzeln aufrecht. Nach der Befruchtung durch Wind – in dieser Zeit sind viele Pollen unterwegs – werden geflügelte Nussfrüchte gebildet.

**BLÜTEZEIT:**
März bis April

**VORKOMMEN:**
Heide, Düne und Moor

**VERWENDUNG ALS HEILPFLANZE:**
Ein Tee aus Blättern und Knospen der Birke wirkt stark harntreibend, spült die Harnwege durch und regt den Stoffwechsel an. Mit dem abgekühlten Tee ist eine regelmäßige Waschung bei Pickeln und Mitessern angeraten. Ein Ölauszug aus Birkenblättern sorgt bei regelmäßiger Massage für straffe Haut (und wirkt z. B. gegen Cellulite). Eine Besonderheit ist der Birkensaft: Dafür bohrt man zwischen März und Mai den Stamm 2–3 cm tief an (Durchmesser weniger als ½ cm). In dieses Loch schiebt man ein Glasröhrchen, darunter wird ein Gefäß gehängt. Pro ausgewachsenem Baum sollten höchstens 3 l gewonnen werden, bei jungen Bäumen entsprechend weniger. Dieser Birkensaft kurbelt den Stoffwechsel an, hilft als Gesichtswasser bei Hautunreinheiten und regt als Haarwasser den Haarwuchs an. Der Birkensaft muss kühl aufbewahrt werden, man kann ihn auch ohne Probleme portionsweise einfrieren. Achtung: Bitte den eigenen Baum im Garten anzapfen – oder den Eigentümer fragen. Sonst droht eine Anzeige wegen Baumfrevel. Nach der Safternte muss das Loch mit Baumwachs verschlossen werden.

**VERWENDUNG IN DER KÜCHE:**
Die Birke gilt als Speisebaum, ihre Blätter können das ganze Jahr gegessen werden, schmecken aber am besten (leicht süßlich) im Salat im Frühjahr.

# EBERESCHE
## (SORBUS AUCUPARIA)

**WEITERE NAMEN:**
Vogelbeere, Amselbeere, Drosselbeere, Gimpelbeer, Moos-
esche, Stinkholz, Wilde Esche, Quitsche

**MERKMALE:**
Höhe 5–15 m. Als Baum ist die Eberesche zierlich, als Busch
hat sie viele gleichberechtigte Stockausschläge. Die Blätter
sind wechselständig an den Zweigen angeordnet
und unpaarig gefiedert. An der Blattspindel
sitzen etwa 9–19 länglich-ovale Blättchen.
Sie haben eine scharfe, asymmetrische
Zähnung. Die Oberseite ist sommer-
lich grün, die Unterseite blaugrün. Die
Blüte steht in einer Schirmrispe, in der
200–300 Blüten vereinigt sind. Die einzelnen Blüten bestehen aus 5 weißen
Kronblättern mit deutlich sichtbaren
Staubblättern. Die orange-roten Früchte
reifen ab August. Sie hängen in dichten
Büscheln am Baum und enthalten ge-
wöhnlich drei Samen.

**BLÜTEZEIT:**
Mai bis Juli

**VORKOMMEN:**
Hecken, Waldränder, Brachflächen und Lichtungen

**VERWENDUNG ALS HEILPFLANZE:**
Bei der Eberesche werden die Früchte verwendet – als Ge-
lee, Saft, Marmelade oder als Abkochung. Das Kochen der
Früchte sorgt dafür, dass die schwach giftigen Inhaltsstoffe

aufgespalten werden und der sehr herbe Geschmack etwas milder wird. Einige Sorten sind auch weniger herb – sie sind den sehr herben Sorten vorzuziehen. Die Früchte wirken immunstärkend, harntreibend und schleimlösend – bei Lungenentzündungen können sie gute Heilwirkung haben. Frische Früchte (in Maßen gegessen) helfen bei Verstopfung, getrocknete Früchte bei Durchfall. Ein Tee aus Blättern und Blüten lindert die Beschwerden von Rheuma und Gicht.

**VERWENDUNG IN DER KÜCHE:**
Mit der richtigen Sorte ist die Marmelade oder das Gelee sehr schmackhaft und bringt die komplette Heilwirkung mit. Achtung! Die Kerne sollten immer entfernt werden, sie enthalten Blausäure.

# FICHTE
## (PICEA ABIES)

**WEITERE NAMEN:**
Rottanne, Schwarztanne, Gräne, Krestling

**MERKMALE:**
20–60 m hoher, einstämmiger Nadelbaum mit immergrünen Nadeln. Die Nadeln sind dunkelgrün und wachsen rund um den Zweig, sie sind rund und oben spitz. Charakteristisch sind der etagenartige Aufbau und die spitzwipfelige Krone. Die Rinde ist schuppig und rotbraun – deswegen wird der Baum auch häufig Rottanne genannt. Ein Baum trägt sowohl weibliche als auch männliche Blüten. Die männlichen Blüten stehen einzeln, sind eiförmig und 1–2 cm lang. Die Bestäubung

erfolgt durch den Wind. Die weiblichen Blütenzapfen sind zunächst aufrecht, krümmen sich aber nach der Befruchtung nach unten. Die Zapfen reifen zwischen August und Dezember, sind meist braun und eiförmig bis zylindrisch und zwischen 2 und 20 cm lang. Im Frühjahr fallen sie nach dem Aussamen ab. Fichten sind Flachwurzler, also sehr anfällig für Stürme.

**BLÜTEZEIT:**
April bis Juni

**VORKOMMEN:**
Weitverbreiteter Nutzbaum in der Holzwirtschaft

**VERWENDUNG ALS HEILPFLANZE:**
Triebe oder klein geschnittene Nadeln können in einem Tee gegen Erkältungen eingesetzt werden – er wirkt antibakteriell, schweißtreibend und beruhigend. Der Tee wirkt auch bei Husten und Asthma und unterstützt die Behandlung von Lungenentzündungen. Eine Tinktur aus Fichtennadeln wirkt als Einreibung gegen Muskel- und Gelenkschmerzen. Eine Besonderheit ist der Fichtennadelhonig: Dafür werden im Frühjahr die jungen Triebe gesammelt. (Bitte nicht einen Baum komplett plündern! Lieber von mehreren Bäumen einige Triebe nehmen.) 100 g Fichtennadelspitzen mit 500 g Zucker und 300 ml Wasser köcheln lassen, bis eine dunkle, honigähnliche Masse entsteht. Durch ein Tuch abseihen, gut ausdrücken und noch warm in Gläser abfüllen. An einem dunklen Ort aufbewahrt, hält sich dieser »Honig« einige Monate. Er wirkt hervorragend bei akuten Erkältungskrankheiten und löst den Schleim – dafür mehrmals täglich 1 TL des Honigs im Mund zergehen lassen.

**VERWENDUNG IN DER KÜCHE:**
Fichtennadeln können zusammen mit Wacholderbeeren ein gutes Gewürz für Wild abgeben. Die Nadeln können auch zusammen mit grobem Steinsalz gemörsert werden – dann ergibt sich ein feines Fichtensalz.

# LINDE
## (TILIA GRANDIFOLIA)

**WEITERE NAMEN:**
–

**MERKMALE:**
15–40 m hoch. Es gibt viele Lindenarten, für Heilzwecke kann sowohl die Sommer- als auch die Winterlinde eingesetzt werden. Die Blätter der Sommerlinde sind herzförmig und sehr groß, bis zu 15 cm breit und lang. Die Blätter der Winterlinde sind deutlich kleiner, etwa 6 cm breit und lang. Die Blüten bilden Trugdolden aus. Am Blütenstand befinden sich drei oder mehr Blüten mit einem auffälligen Hochblatt, das wie ein Flügel aussieht. Die Blüten duften stark und angenehm und sondern einen klebrigen Blütensaft ab, der auf Straßen (und leider auch auf den Autos, die unter ihnen parken) einen klebrigen Belag bildet. Die Blüten selber sind weiß oder gelb mit vielen Staubblättern. Aus den Blüten entwickeln sich kleine, kugelige Früchte. Frei stehende Linden bilden oft mächtige Kronen aus. Ihre Rinde ist glatt und grau.

**BLÜTEZEIT:**
Juni (Sommerlinde), Juli (Winterlinde)

**VORKOMMEN:**
Gärten, Parks, Alleen – die meisten Linden wurden von Menschen gepflanzt.

**VERWENDUNG ALS HEILPFLANZE:**
Aus frischen oder getrockneten Blüten kann ein schweißtreibender Lindenblütentee hergestellt werden, der gut ge-

gen Erkältungen wirkt. Außerdem hilft er gegen Schlafstörungen, Kopfschmerzen oder Migräne. Mit dem abgekühlten Tee können Umschläge oder Waschungen zum Abheilen von Wunden gemacht werden. Als Alternative zum Tee kann auch eine Tinktur aus den Lindenblüten hergestellt werden.

## SALWEIDE
### (SALIX CAPREA)

**WEITERE NAMEN:**

Felbern, Maiholz, Weihbuschen, Palmweide, Kätzchenweide

**MERKMALE:**

2–15 m Wuchshöhe. Die Blätter sind rundlich-oval, unregelmäßig gezähnt oder gerandet und enden in einer stumpfen oder gedrehten Blattspitze. Die Oberseite ist dunkelgrün mit abgesenkten gelben Adern, die Blattunterseite ist blaugrün und zeigt häufig eine dichte Behaarung. Die Rinde ist dunkelgrau mit rautenförmigen Korkwarzen, im höheren Alter mit rautenförmigen Aufsprüngen. Die Zweige sind graugrün und behaart, im höheren Alter sind sie haarlos und schwarz. Die Bäume haben eine breite Baumkrone. Vor dem Laubaustrieb entwickeln sich die Palmkätzchen. Salweiden haben entweder weibliche oder männliche Blüten, beide erscheinen pelzig.

Wenn keine Salweiden zu finden sind, dann lassen sich auch mit anderen Weiden (Trauerweide, Silberweide, Korbweide, Purpurweide) ähnliche Ergebnisse in der Heilkunde erzielen.

**BLÜTEZEIT:**
März bis April

**VORKOMMEN:**
Brachflächen, Schutthalden und Kahlschläge

**VERWENDUNG ALS HEILPFLANZE:**
Ein Tee aus Weidenrinde wirkt gegen Schmerzen, rheumatische Erkrankungen, Entzündungen und Fieber. Als akutes Kopfschmerzmittel eignet sich der Weidenrindentee nicht, auch wenn das allseits bekannte Aspirin auf dem gleichen Wirkstoff basiert. Der abgekühlte Tee kann auch für Umschläge bei Hornhaut, Warzen und Hühneraugen verwendet werden.

Eine Tinktur aus der Weidenrinde kann ebenso wie der Tee angewendet werden.

# 4 BASISWISSEN
## HEILTEE

Eigentlich ist Tee die einfachste Form der Zubereitung: Kochendes Wasser, das über Blätter und Blüten gegossen wird, ein wenig warten – und schon kann man sich an der heilenden und wohltuenden Wirkung erfreuen. Doch leider ist es nicht ganz so einfach. Während manche Kräuter überhaupt keine Hitze vertragen, müssen andere ordentlich abgekocht

Schon die Zubereitung eines Tees kann beruhigende Wirkung haben

werden. Sonst kann die Wirkung im übelsten Fall völlig zerstört werden – oder niemals zutage kommen. Klar: Gefährlich oder giftig wird es nie. Aber wenn man schon einen Tee trinkt, dann wäre es ja schön, wenn alle heilenden Wirkstoffe auch noch in der Tasse sind.

Dabei gibt es drei verschiedene Arten der Zubereitung. Und mit ein bisschen Hintergrundwissen lässt sich auch leicht die richtige auswählen.

## AUFGUSS
### (INFUSION)

Das ist die gängigste Form der Zubereitung, die jeder vom Teebeutel oder dem einfachen Schwarztee kennt. Dabei wird kochendes Wasser im Verhältnis 1:10 über die Blüten und Blätter gegeben – von getrockneten Blättern und Blüten etwa 1 TL auf 200 ml, bei frischen Blättern und Blüten 1 EL. Blüten und weiche Blätter sollten dann 5 Minuten ziehen. Harte Blätter, Früchte und Kräuter benötigen eher 10 Minuten und müssen nicht selten vor der Verwendung angemörsert werden. Etwa 15 Minuten dauert es, bis Gerb- und Bitterstoffe aus einem Tee gelöst sind. So lassen sich denn auch die Inhaltsstoffe steuern: Wenn man zum Beispiel bei einem Salbeitee nur die ätherischen Öle für den Tee haben will, dann reichen 5 Minuten. Sollen aber alle Bitterstoffe mit im Tee sein, dann bleiben die Blätter eben länger im Wasser. Am Ende der Ziehzeit wird der Tee abgeseiht und nach Geschmack gesüßt.

# ABKOCHUNG
## (DEKOKT)

Die älteste Form der Zubereitung ist die Abkochung. Dabei werden harte oder sehr harte Pflanzenteile wie Rinden und Wurzeln mit Wasser aufgekocht und köcheln dann zwischen 5 und 20 Minuten. Dabei wird etwa 1 EL der Pflanzenteile mit 200 ml Wasser aufgekocht. Die Faustregel: Je härter und massiver eine Pflanze ist, desto länger muss sie gekocht werden. Die relativ dünnen und weichen Wurzeln von Löwenzahn und Brennnessel werden also etwa 5 Minuten gekocht, harte Eichenrinde bleibt 20 Minuten auf dem Herd. Nach dem Ende der Kochzeit wird die Abkochung durch ein Sieb gegossen, um sie von den Pflanzenteilen zu befreien, und dann nach Belieben gesüßt.

# KALTAUSZUG
## (MAZERAT)

Diese Zubereitungsart wird aus zwei Gründen gewählt. Zum einen gibt es Pflanzen mit Schleimstoffen. Diese werden durch das Erhitzen zerstört und können dann nicht mehr ihre heilende Wirkung entfalten. Das trifft auf Malven und Eibisch zu, aber auch auf viele andere Kräuter. In der Verwendung wird dann nicht von einem »Tee«, sondern immer von einem »Kaltauszug« oder einem »Mazerat« gesprochen. Hier nimmt man etwa 1 TL (getrocknetes) Kraut auf 200 ml Wasser. Das Kraut wird aufgegossen und die Kanne oder Tasse kann über Nacht abgedeckt ziehen. Nach dem Abseihen wird dieser Kaltauszug nur leicht erwärmt getrunken.

Der zweite Grund für einen Kaltauszug mit härteren Pflanzenteilen: Man möchte verhindern, dass manche Pflanzenteile gelöst werden, z. B. Gerbstoffe. Das trifft auf die Baldrianwurzel zu, wenn sie einen beruhigenden Schlaftrunk ergeben soll.

Generell sollte bei der regelmäßigen Einnahme von Heiltees immer nach 6 Wochen eine Pause von 6 Wochen eingelegt werden. So lassen sich negative Wirkungen der Inhaltsstoffe vermeiden.

APOTHEKE & DROGERIE

# DIE WICHTIGSTEN TEEREZEPTE

## SCHLAFTEE

### ZUTATEN:
1–2 TL zerkleinerte Baldrianwurzel
1 TL Passionsblume
1 TL Melisse
1 TL Lavendelblüten

### ZUBEREITUNG:
1. Baldrianwurzel zerkleinern, dann mit 200 ml Wasser übergießen und etwa 12 Stunden abgedeckt ziehen lassen.
2. Passionsblume, Melisse und Lavendelblütenmischung mit 300 ml kochendem Wasser übergießen, 5 Minuten ziehen lassen, abseihen.
3. Den Tee mit dem abgeseihten Baldriantee mischen.

### ANWENDUNG:
Etwa 1–2 Stunden vor dem Schlafengehen trinken.

## BLASENTEE

### ZUTATEN:
1 EL Liebstöckelwurzel
1 EL Hauhechelwurzel
1 EL Löwenzahnwurzel

1 EL Wacholderbeeren
1 EL Bärentraubenblätter
1 EL Birkenblätter
1 EL Goldruten
1 EL Thymian
1 EL Anis
1 EL Berberitzenwurzel

**ZUBEREITUNG:**
1. Alle Zutaten gut miteinander vermischen.
2. 1 EL der Mischung mit 300 ml kaltem Wasser übergießen und 8–10 Stunden ziehen lassen.
3. Kurz erwärmen (nicht kochen!), dann abseihen.

**ANWENDUNG:**
Bei wiederkehrender Blasenentzündung am besten 2 Wochen lang täglich 2 Tassen als Kur trinken. Zur Unterstützung der Durchspülung zu jeder Tasse Tee noch 1 Glas Wasser trinken.

# HUSTENTEE

**ZUTATEN:**
4 EL Thymian
3 EL Spitzwegerichblätter
2 EL Anis

**ZUBEREITUNG:**
1. Alle Zutaten vermischen. 1 TL der Mischung im Mörser anstoßen, um die Anisfrüchte zu öffnen.
2. Mit 300 ml kochendem Wasser übergießen. 10 Minuten zugedeckt ziehen lassen, dann abseihen.

**ANWENDUNG:**
Bei Husten oder Bronchitis täglich 4 Tassen trinken.

Wohltuend bei Übelkeit und Krämpfen: Magentee

# MAGENTEE

**ZUTATEN:**
1 TL Anis
1 TL Kümmel
1 TL Fenchelfrüchte
2 TL Melisse
1 TL Schafgarbe
3 TL Kamillenblüten

**ZUBEREITUNG:**
1. Kümmel, Anis und Fenchel im Mörser anstoßen, dann mit den Kräutern und den Kamillenblüten vermischen.
2. 3 TL der Mischung mit 300 ml kochendem Wasser übergießen.
3. 10 Minuten ziehen lassen, dann abseihen.

**ANWENDUNG:**
Am besten 3 Tassen am Tag jeweils nach dem Essen trinken.

# RÜCKENTEE

**ZUTATEN:**
3 TL Weidenrinde
3 TL Brennnessel
2 TL Löwenzahnwurzel
1 TL Eschenblätter
1 TL Wacholderbeeren

**ZUBEREITUNG:**
1. Den Wacholder im Mörser etwas anstoßen, mit den Kräutern vermischen. 2 TL der Mischung mit 300 ml kochendem Wasser übergießen.
2. Nach 10 Minuten abseihen.

**ANWENDUNG:**
Dreimal täglich an drei aufeinanderfolgenden Tagen trinken wirkt gegen Rückenschmerz.

# 5 BASISWISSEN
## FÜR DIE HERSTELLUNG VON ÖLAUSZÜGEN, TINKTUREN, SALBEN & CO.

Mit Kräutern, Blüten und Wurzeln lassen sich relativ einfach Heil- und Pflegemittel herstellen. Der Vorteil ist klar erkennbar: Wer Öle und Tinkturen selber herstellt, der kann sich auch sicher sein, welche Inhaltsstoffe da verarbeitet wurden. Und wer sich unsicher ist, ob die gesammelten Kräuter auch wirklich diejenigen sind, für die man sie hält, der kann auch in das Reformhaus oder die Apotheke gehen. Dort werden die meisten Kräuter getrocknet angeboten, meistens sogar in Bioqualität. Eine andere Möglichkeit: Ziehen Sie doch Kräuter aus Saatgut. Auch dann ist klar, was da wächst.

Entscheidend für die Qualität eines Ölauszugs ist die Qualität der Zutaten: Auf frische, gesunde Kräuter und hochwertiges Öl achten!

# KALTER UND WARMER ÖLAUSZUG

Ölauszüge sind seit Jahrhunderten eine bewährte Methode, um die Heilkräfte von Pflanzen über Monate hinweg verfügbar zu machen. Ein Ölauszug eignet sich zur Herstellung von Salben – oder auch direkt zur Einreibung.

Zur HERSTELLUNG EINES KALTEN ÖLAUSZUGS sollten Sie Folgendes bereitstellen:
Frische oder getrocknete Heilpflanzen (Kraut, Blüte oder Wurzel)
Ein Basisöl (hier hat sich Oliven-, Sesam- oder Mandelöl bewährt)
Schneidbrett, Messer
Glasstab, ein verschließbares Glasgefäß (hell)
Teesieb (oder Seiher)
Ölflasche (dunkel)

ZUBEREITUNG:
1. Große Blätter und Wurzeln in kleinere Teile schneiden, Blütenblätter abzupfen, getrocknete Kräuter ebenfalls zerkleinern. Wenn frische Wurzeln, Blätter und Blüten eingesetzt werden sollen: Am besten in einer Trockenperiode ohne Regen am späten Vormittag sammeln.
2. Die Kräuterteile in ein helles Glas einfüllen und mit Öl übergießen. Ganz wichtig: Alle Pflanzenteile müssen mit Öl bedeckt sein, es darf auf keinen Fall noch irgendetwas herausstehen. Als Faustregel werden 10 g frische Blüten mit etwa 100 ml Öl bedeckt, 10 g getrocknete Blüten mit etwa 200 ml. Das Öl und die Kräuter mit einem Glasstab oder einem sauberen Kochlöffel umrühren, bis alle Gasbläschen nach oben gestiegen sind. Das Glas verschließen und an einen warmen Platz stellen (nicht direkt in die Sonne).

3. Jeden zweiten Tag das Glas auf Schimmel kontrollieren und die Innenseite des Deckels mit einem sauberen Tuch abwischen, damit sich kein Kondenswasser bilden kann. Den Ansatz immer wieder schütteln.

4. Nach 3–5 Wochen den Ansatz durch ein Sieb oder einen Seiher abseihen und in ein dunkles Ölfläschchen abfüllen und beschriften. Haltbarkeit an einem kühlen und dunklen Ort: etwa 1 Jahr.

**VERWENDUNG:**
Je nach Inhalt wird das Öl zur Hautpflege, Massage oder als Badezusatz verwendet. Mit vielen der Öle lassen sich auch Cremes oder Salben herstellen.

Hin und wieder soll es allerdings etwas schneller gehen. Entweder weil der Ölauszug dringend benötigt wird – oder weil in feuchten, warmen Sommern die kalten Auszüge während der Herstellung gerne schimmeln. Dann empfiehlt es sich, einen WARMEN ÖLAUSZUG zu machen.

Dabei wird das vorbereitete Glasgefäß nicht verschlossen, sondern in ein Wasserbad gegeben. Hier sollte das Öl etwa 1 Stunde lang auf circa 40 °C erwärmt werden. Nach 1 Stunde das Öl wie beim kalten Ölauszug abseihen und in ein dunkles Ölfläschchen abfüllen. Die Haltbarkeit ist die gleiche: Etwa 1 Jahr.

## SALBE UND CREME

Früher waren selbst gemachte Salben und Cremes in jeder Hausapotheke zu finden. Mit Ringelblume halfen sie bei der Wundheilung, mit Beinwell bei Verstauchungen, mit Klettenwurzeln bei rheumatischen Beschwerden. Heute werden Salben und Cremes gekauft – obwohl sie sich ohne Probleme zu Hause herstellen lassen. Dabei ist die Herstellung von Salbe und Creme identisch – der Unterschied liegt lediglich darin, dass in der Creme eine Verbindung von Öl und Wasser zu finden ist, während eine Salbe nur aus Öl und Wachs besteht. Entscheidend ist immer die absolute Sauberkeit – sonst schimmeln die Salben schnell. Deshalb vor dem Arbeiten alle Tiegel (auch die Innenseite des Deckels), Geräte und Arbeitsflächen mit einem mit Alkohol getränkten Küchenpapier abwischen.

Stellen Sie für die HERSTELLUNG EINER SALBE Folgendes bereit:
Ölauszug
Bienenwachs (evtl. auch Wollwachs/Lanolin und/oder Kakaobutter)
Ätherisches Öl
Kleiner Topf, hitzebeständiger Glasbecher mit Ausguss, Glasstab
Laborthermometer, Waage
Cremetiegel
Küchenpapier
Alkohol

ZUBEREITUNG:
1. Pflanzenöl und Bienenwachs abwiegen: 100 ml Öl, 20 g Bienenwachs. Wenn die Salbe gehaltvoller sein soll: 100 ml Öl, 10 g Bienenwachs, 15 g Kakaobutter oder Wollwachs.
2. Das Öl in den Glasbecher geben und im Wasserbad vorsichtig erwärmen. 40–60 °C sind ausreichend, größere Hitze schadet den Inhaltsstoffen. Bienenwachs (evtl. auch Wollwachs oder Kakaobutter) zugeben und mit dem Glasstab vorsichtig umrühren, bis sich das Wachs komplett aufgelöst hat.
3. Den Glasbecher aus dem Wasserbad nehmen und die Salbe unter Rühren abkühlen lassen. Um zu testen, ob die Konsistenz richtig ist, ein paar Tropfen auf eine kalte Oberfläche tropfen, abkühlen lassen und dann auf der

Haut testen. Ist sie zu fest, ein wenig Öl zugeben – ist sie zu weich, etwas Wachs zugeben (bei Bedarf erneut im Wasserbad erwärmen).

4. Wenn die Salbe allmählich fester wird, gibt man noch einige Tropfen eines passenden ätherischen Öls zu (etwa 10 Tropfen). Das Öl kann ganz nach persönlichen Vorlieben ausgewählt werden – es dient dem angenehmen Geruch und macht darüber hinaus die Salbe haltbarer.

5. Kurz bevor die Salbe fest wird, wird sie in einen Tiegel umgefüllt und sofort verschlossen. Wenn die Salbe dunkel und kühl gelagert wird, hält sie etwa 1 Jahr. Ganz wichtig: Salbe immer nur mit dem Spatel entnehmen, nie mit dem Finger! Sonst verdirbt sie sehr viel schneller.

Eine CREME ist nicht ganz so einfach herzustellen – Öl und Wasser wollen eigentlich keine Verbindung eingehen. Also sollte man hier zuerst die Fettphase abwiegen. Dabei kommen auf 100 ml Basisöl etwa 15 g Bienenwachs und 15 g Wollwachs. Anschließend sollte die gleiche Menge Wasserphase hergestellt werden. Dafür am besten einen kräftigen Tee herstellen, z. B. aus beruhigenden Kamillenblüten. Etwa 50 ml des Tees mit 50 ml Hydrolat (aus der Apotheke) vermengen. Dann Fett- und Wasserphase getrennt auf 40–60 °C erwärmen. Die Wasserphase in einem dünnen Strahl zur Fettphase geben, dabei ständig mit einem leistungsstarken Mixer (z. B. einem Stabmixer) rühren. Wenn gewünscht, kann man dann auch ätherische Öle zugeben. Sie sorgen für eine bessere Haltbarkeit und einen angenehmeren Geruch. Während des Erkaltens in einem kühlen Wasserbad muss eine Creme ständig weitergerührt werden, damit sich die beiden Phasen nicht wieder trennen. Anschließend die Creme in einen sauberen, mit Alkohol ausgewischten Tiegel geben. Kühl und dunkel lagern. Bei steriler Entnahme mit einem Spatel kann eine Creme 1 Jahr halten.

# TINKTUR

Eine Tinktur ist besonders einfach herzustellen und sorgt dafür, dass die Heilkraft von Blättern, Kräutern und Blüten das ganze Jahr zur Verfügung steht. Eine fertige Tinktur lässt sich am einfachsten direkt einsetzen: Etwa 20 Tropfen in den Mund nehmen und kurz darin behalten, dann hinunterschlucken. Je nach eingesetzter Pflanze kann eine Tinktur auch direkt auf die betroffene Stelle getupft werden – oder auch verdünnt in einer Auflage verwendet werden. Leider enthalten Tinkturen viel Alkohol, sind also für Kinder nicht geeignet.

Als Grundlage für Tinkturen hat sich auch »Prima Sprit« (70 %) bewährt – erhältlich im Internet und günstiger als Alkohol aus der Apotheke

Stellen Sie Folgendes bereit:
100 g frische Blüten,
Blätter oder Wurzeln
1 l Alkohol (50–60 Prozent)
Schneidebrett, Messer, ausreichend großes, verschließbares Glas

ZUBEREITUNG:
1. Blätter, Blüten, Wurzeln zerkleinern und in das Glas geben.
2. Den Alkohol darübergießen. Wichtig ist, dass alle Pflanzenteile gut bedeckt sind!
3. Die Mischung an einem warmen, hellen Ort, der nicht ständig in der Sonne ist (evtl. einem Fensterbrett), 3–4 Wochen ziehen lassen, dabei täglich schütteln.
4. Anschließend abseihen und in ein dunkles Fläschchen abfüllen. Die Tinktur hält etwa 1 Jahr.

## OXYMELE

Früher war dieser Sauerhonig ein Standard in den Apotheken der Heilkundigen. Jetzt wird die Mischung aus Honig, Essig und Kräutern wiederentdeckt. Kein Wunder: Sie ist eine gute und vor allem alkoholfreie Alternative zur Tinktur, die auch gut für Kinder geeignet ist. Entscheidend sind die Zutaten, am besten ist Apfelessig in Bioqualität und regionaler Honig.

Fertige Oxymele werden pur oder verdünnt in kaltem Wasser zu sich genommen: Jeweils 1–2 TL morgens und abends, etwa 4–6 Wochen lang oder bis die Beschwerden abklingen. Kinder ab einem Jahr nehmen jeweils einen ½ TL morgens und abends.

**ZUTATEN:**
100 ml Apfelessig
300 g Honig
50 g frische Kräuter

**ZUBEREITUNG:**
1. Kräuter klein schneiden und in ein Glas geben. Das Glas vorher mit kochendem Wasser desinfizieren. Achtung: Essig oxidiert bei Kontakt mit Metall, deswegen keine Marmeladengläser mit Metalldeckeln oder Ähnliches verwenden.
2. Apfelessig über die Kräuter geben und gut vermischen. An einem dunklen Ort 3–4 Wochen ziehen lassen, zwischendurch kräftig schütteln, damit sich kein Schimmel bilden kann.
3. Abseihen und mit dem Honig vermischen. In eine Flasche füllen und an einem kühlen, dunklen Ort aufbewahren. Oxymele sind etwa 1 Jahr haltbar.

# 6 DIE ZEHN WICHTIGSTEN REZEPTE BEI
## SCHNUPFEN, HUSTEN & HALSWEH

Im Winter lässt es sich fast nicht vermeiden: Irgendwann erwischt jeden eine Erkältung. Eigentlich kein Drama, mit der Hilfe der Natur lassen sich viele Beschwerden lindern. Die folgenden Rezepte sind seit Generationen bewährt und ohne Vorkenntnisse herzustellen.

Der Klassiker unter den Erkältungskräutern: Thymian

# THYMIAN-HALSBONBONS GEGEN HALSSCHMERZEN

**ZUTATEN:**
10–12 Zweige frischer Thymian
150 g Zucker (oder Birkenzucker)

**ZUBEREITUNG:**
1. Die Blättchen des Thymians von den Zweigen zupfen und mit einem Messer ganz fein hacken.
2. Den Zucker in einem Topf ohne Umrühren schmelzen lassen, bis keine Kristalle mehr zu sehen sind und er ganz durchsichtig ist. Zucker schmilzt bei 186 °C und wird dann sehr schnell braun, d. h. er karamellisiert. Wenn er zu dunkel wird, schmeckt er bitter. Deswegen den Topf ständig im Auge behalten – und den Herd nicht auf höchste Stufe drehen. Auch auf kleiner Flamme wird der Zucker schmelzen – er wird aber nicht so schnell dunkel. Birkenzucker schmilzt dagegen schon bei 92 °C.
3. Den Thymian hineinrieseln lassen, umrühren und sofort auf eine glatte Fläche auskippen (am besten mit Backpapier auslegen).
4. Abwarten, bis die Masse hart wird (das kann 1 Stunde dauern), dann mit einem Messer oder der Schere in mundgerechte Stücke schneiden.

**ANWENDUNG:**
Bei Entzündungen im Mund- und Rachenraum höchstens 50 g am Tag lutschen.

# FENCHELSIRUP BEI HUSTEN

**ZUTATEN:**
2 EL Fenchelsamen | 200 g Rohrzucker | 200 ml Wasser

**ZUBEREITUNG:**
1. Den Fenchelsamen in einem Mörser zerstoßen und zusammen mit dem Zucker und dem Wasser in einem Topf erhitzen und aufkochen lassen.
2. Bei ausgeschaltetem Herd weitere 10 Minuten ziehen lassen. Dann durch ein feines Teesieb abseihen und die Flüssigkeit wieder in den Topf geben.
3. Etwa 30 Minuten bei schwacher Flamme zu einem Sirup einkochen lassen, dann in eine saubere Flasche abfüllen. Der Sirup hält kühl gelagert etwa 3 Monate.

**ANWENDUNG:**
1 TL des Sirups sollte 3- bis 4-mal am Tag genommen werden. Er wirkt schleimlösend, fördert den Auswurf und ist keimwidrig. Statt des Rohrzuckers kann man auch Birkenzucker oder Honig verwenden.

# SALBEILIKÖR BEI HEISERKEIT

**ZUTATEN:**
200 g Kandiszucker | 3–6 Zweige frischer Salbei | 1 Flasche Doppelkorn

**ZUBEREITUNG:**
1. Salbeiblätter von den Zweigen zupfen und mit einem Messer grob schneiden.

2. Kandiszucker und Salbei in eine Flasche geben, dann ausreichend Doppelkorn dazugeben, um Zucker und Salbei komplett zu bedecken. Alles gut vermischen.
3. Etwa 2 Monate an einem warmen Ort ziehen lassen – nicht der direkten Sonne aussetzen. Danach abseihen und in eine Flasche abfüllen. Der Likör hält sich 2–3 Jahre.

**ANWENDUNG:**
Bei Halsbeschwerden mehrmals täglich 1 TL einnehmen. Der Likör wirkt entzündungshemmend und antibakteriell bei Halsschmerzen und Heiserkeit.

# SONNENHUT-HONIG FÜR DIE ABWEHRKRÄFTE

**ZUTATEN:**
Mehrere Zweige und Blüten des Sonnenhuts (Echinacea)
1 Glas guter flüssiger Honig (z. B. Akazienhonig)

**ZUBEREITUNG:**
1. Die Blüten, Stängel und Zweige des Sonnenhuts klein schneiden, ein leeres Honigglas zu etwa ¾ damit füllen.
2. Den Honig darübergeben, bis das Glas voll ist. Gut verschlossen für etwa 4 Wochen im Halbschatten stehen lassen. Dabei täglich zum Durchmischen auf den Kopf stellen.
3. Anschließend durchsieben, abfüllen und kühl lagern. Der Echinacea-Honig ist etwa 3 Monate haltbar.

**ANWENDUNG:**
3-mal täglich 1 TL einnehmen. Stärkt die Abwehrkräfte und ist auch für Kinder geeignet.

# ERKÄLTUNGSTEE

**ZUTATEN:**
Zu gleichen Teilen getrocknete Lindenblüte, Königskerze, Himmelsschlüssel und Holunderblüten

**ZUBEREITUNG:**
1. Die Zutaten mischen und trocken aufbewahren.
2. 1 TL der Kräuter in einer Tasse mit heißem Wasser aufbrühen und etwa 5 Minuten ziehen lassen.
3. Abseihen und in kleinen Schlucken trinken.

**ANWENDUNG:**
Der Tee schmeckt auch Kindern und wirkt als milder Erkältungstee schweißtreibend und schleimlösend. 3–4 Tassen über den Tag verteilt trinken.

# ZWIEBELSAFT BEI HUSTEN

**ZUTATEN:**
1 Zwiebel
2 EL flüssiger Honig (z. B. Akazienhonig)

**ZUBEREITUNG:**
1. Die Zwiebel schälen und in kleine Würfel schneiden. In ein Glas geben und den Honig darübergießen.
2. Über Nacht stehen lassen, dann die Flüssigkeit abseihen und noch am gleichen Tag verwenden.

**ANWENDUNG:**
Mehrmals täglich löffelweise einnehmen.

# APFELWICKEL BEI HALSSCHMERZEN

**ZUTATEN:**
250 ml Apfelmost

**ZUBEREITUNG:**
1. Den Most erwärmen.
2. Ein Baumwolltuch in dem warmen Most tränken. Die Temperatur vorsichtig mit dem Handgelenk oder an der Wange überprüfen – der Wickel sollte nicht zu heiß sein, sonst kann es leicht zu Verbrennungen kommen. Dann um den Hals wickeln. Den Umschlag mit einem Frottee-handtuch abdecken.
3. Wickel nach 20 Minuten abnehmen, bei Bedarf wiederholen.

**ANWENDUNG:**
Wirkt bei Halsschmerzen und gegen Schluckbeschwerden, kühlend bei geschwollenen Mandeln, schmerzlindernd, abschwellend und entzündungshemmend.

# KAMILLENKISSEN BEI NEBENHÖHLENENTZÜNDUNG

**ZUTATEN:**
Getrocknete Kamillenblüten
Kleiner Kissenbezug aus Baumwolle

**ZUBEREITUNG:**
1. Die Kamillenblüten in den Kissenbezug geben und verschließen.
2. Das Kamillenkissen zwischen zwei Wärmflaschen oder im Wasserdampf erhitzen.

3. Das Kissen auf das Gesicht legen und wirken lassen, bei Bedarf erneut erwärmen.

**ANWENDUNG:**
Wirkt bei Nebenhöhlenentzündungen beruhigend, entzündungshemmend und schmerzlindernd. Die Blüten sollten spätestens nach 3–4 Monaten ausgetauscht werden.

## INGWER-SÜßHOLZ-TRUNK FÜR DIE ABWEHRKRÄFTE

**ZUTATEN:**
1 walnussgroßes Stück Ingwer
½ TL gemahlene Süßholzwurzel
½ Zitrone

**ZUBEREITUNG:**
1. Ingwerwurzel schälen und in Stücke schneiden. In einer Kanne mit 1 l kochendem Wasser übergießen.
2. Süßholzwurzel und den Saft der ½ Zitrone dazugeben. Mindestens 30 Minuten ziehen lassen, dann abseihen (am besten ist eine Thermoskanne geeignet, damit der Trunk nicht so schnell kalt wird).
3. Kanne im Lauf des Tages leeren.

**ANWENDUNG:**
Der Trunk wirkt vorbeugend gegen grippale Infekte. Bei einer bestehenden Erkältung wirkt er schweißtreibend, fiebersenkend und fördert den Heilungsprozess.

# 7
## ZWÖLF WIRKKRÄFTIGE REZEPTE
### FÜR KINDER

Blaue Flecken, Erkältungen, Bauchschmerzen und gereizte Haut: Kinder fallen in manchen Phasen von einer Krankheit in die nächste. Bei kleineren Wehwehchen möchten viele Eltern nicht immer die Schulmedizin bemühen. Leider lassen sich die Hausmittel für Erwachsene aber nicht einfach auf die Bedürfnisse der Kleinen übertragen: Ihr empfindlicher Organismus reagiert sensibel auf hohe Dosierungen, einige Kräuter sind für Kinder schlicht nicht geeignet. Deswegen sind hier kindgerechte Hausmittel gegen die häufigsten Beschwerden zusammengestellt.

## MAJORANSALBE FÜR WUNDE SCHNUPFENNASEN

**ZUTATEN:**
3 EL frischer Majoran
1 EL Butter

**ZUBEREITUNG:**
1. Butter in eine Schale geben. Im Wasserbad vorsichtig erwärmen, nicht schmelzen (die Butter soll nur weich werden).
2. Majorankraut klein schneiden und mit der weichen Butter vermengen. 15 Minuten rühren, dann durch ein feines Sieb passieren und in ein kleines Salbenglas füllen.

**ANWENDUNG:**

Mehrmals täglich auf die wunde Nase geben. Wirkt sehr schnell und kann auch bei Säuglingen angewandt werden.

# ERKÄLTUNGSTEE FÜR KINDER

**ZUTATEN:**

1 TL Malvenblüten
1 TL Salbei
1 TL Lindenblüten
1 TL Himbeerblätter
Etwas Honig

**ZUBEREITUNG:**

1. Aus der Malve einen Kaltauszug herstellen: Malve mit 250 ml kaltem Wasser übergießen, über Nacht abgedeckt

Der honigsüße Tee schmeckt den meisten Kindern

stehen lassen, abseihen. Den Kaltauszug anwärmen (nicht kochen, das würde die Schleimstoffe zerstören).

2. Salbei, Lindenblüten und Himbeerblätter mischen und 1 TL der Mischung mit 250 ml kochendem Wasser übergießen. 10 Minuten ziehen lassen und abseihen.
3. Die beiden Flüssigkeiten mischen, mit Honig nach Geschmack süßen.

**ANWENDUNG:**
Mehrmals täglich eine Tasse trinken, bis sich die gewünschte Wirkung einstellt. Die Malve wirkt schleimlösend bei Husten, Salbei gegen Halsschmerzen, Lindenblüten schweißtreibend und fiebersenkend, Himbeerblätter entzündungshemmend.

## ANISÖL BEI HUSTEN UND BLÄHUNGEN

**ZUTATEN:**
4 EL Anis
100 ml hochwertiges Öl (z. B. kalt gepresstes Sonnenblumenöl oder Mandelöl)

**ZUBEREITUNG:**
1. Stellen Sie einen Ölauszug her: Die Anissamen anmörsern und in ein helles Glas mit Schraubverschluss geben. Mit dem Öl übergießen und an einen hellen Ort (Fensterbrett) stellen. Öfter schütteln (jeden zweiten Tag).
2. Nach 3 Wochen abfiltern und das Öl an einem kühlen Ort in einer dunklen Flasche aufbewahren. Hält bis zu 1 Jahr.

**ANWENDUNG:**
Das Öl hilft bei verschleimtem Husten: Brust und Rücken damit einreiben. Bei Blähungen 1 EL des Öls in die Hand

gießen und durch Reiben erwärmen. Dann die Bauchdecke um den Nabel herum im Uhrzeigersinn massieren. Auch für Säuglinge geeignet, dann am besten schon beim Wickeln massieren.

## SUPPE BEI DURCHFALL

**ZUTATEN:**
500 g Karotten | 1 l Wasser | Salz

**ZUBEREITUNG:**
1. Karotten schälen, klein schneiden und in 1 l Wasser weich kochen.
2. Pürieren und die Gesamtmenge mit Wasser wieder auf 1 l auffüllen. 1 TL Salz zugeben.

**ANWENDUNG:**
Die Suppe gleicht den Verlust von Mineralien und Flüssigkeit aus, ohne die Verdauung weiter zu belasten. Nach Bedarf geben.

## APFELSCHONKOST BEI DURCHFALL ODER VERSTOPFUNG

**ZUTATEN:**
1 Apfel | Wasser

**ZUBEREITUNG:**
1. Bei Durchfall: Den Apfel sehr fein reiben, am besten auf einer Glasreibe.
2. Bei Verstopfung: Den Apfel in Achtel schneiden und mit viel Wasser geben. Das Wasser verstärkt die Wirkung.

**ANWENDUNG:**
Das im Apfelbrei enthaltene Pektin schützt und beruhigt die Darmwand bei Durchfall und wirkt leicht stopfend. Den Brei 2- bis 3-mal täglich geben.

Bei Verstopfung mehrmals täglich die Apfel-Achtel mit viel Wasser geben, bis eine Wirkung eintritt.

## 4-WINDE-TEE BEI BLÄHUNGEN

**ZUTATEN:**
1 TL Kümmel | 1 TL Fenchel | 1 TL Pfefferminze | 1 TL Kamillenblüten

**ZUBEREITUNG:**
1. Kümmel und Fenchel im Mörser leicht anstoßen. Mit den Kräutern mischen und mit 250 ml kochendem Wasser aufgießen.
2. 8 Minuten ziehen lassen, abseihen.

**ANWENDUNG:**
Nach Bedarf mit Honig süßen (nicht für Säuglinge unter 12 Monaten) und geben.

## APFELESSIG BEI APHTEN (MUNDGESCHWÜREN)

**ZUTATEN:**
Apfelessig

**ANWENDUNG:**
Mehrmals täglich das schmerzhafte Mundgeschwür mit Apfelessig betupfen.

# KRÄUTERSUD BEI SCHÜRFWUNDEN

**ZUTATEN:**

1 TL frische Gänseblümchen
1 TL frisches Stiefmütterchenkraut

**ZUBEREITUNG:**

1. Gänseblümchen und Stiefmütterchenkraut zusammen mit 500 ml Wasser zum Kochen bringen.
2. 15 Minuten ziehen lassen, dann abseihen.

**ANWENDUNG:**

Die Wunden mehrmals täglich mit dem abgekühlten Sud betupfen.

# RINGELBLUMEN-THYMIAN-SALBE BEI PRELLUNGEN, VERLETZUNGEN, INSEKTENSTICHEN

**ZUTATEN:**

10 g frische Ringelblumenblüten
10 g frischer Thymian (bei getrockneten Kräutern jeweils die Hälfte nehmen)
100 g Salbengrundlage aus der Apotheke

**ZUBEREITUNG:**

1. Die Kräuter klein schneiden. Salbengrundlage im Wasserbad vorsichtig erwärmen und die Kräuter einrühren.
2. Abkühlen und mehrere Tage ziehen lassen.
3. Erneut im Wasserbad schmelzen lassen und die Salbe durch Verbandsmull (oder ein feines Sieb) abfiltern. Salbe in einen Tiegel abfüllen. Bei kühler Lagerung und hygienischer Entnahme mit einem Spatel hält die Salbe etwa 6 Monate.

**ANWENDUNG:**
Bei Bedarf auftragen.

## EINSCHLAFTEE

**ZUTATEN:**
10 g Baldrianwurzel | 10 g Melisse | 10 g Hopfenblüten

**ZUBEREITUNG:**
1. Baldrianwurzel als Kaltauszug ansetzen: Klein schneiden, abgedeckt über Nacht stehen lassen. Dann abseihen.
2. Die beiden Kräuter mischen. 1 TL der Mischung mit 250 ml kochendem Wasser übergießen, 10 Minuten ziehen lassen.
3. Den Tee mit dem Kaltauszug vermischen.

**ANWENDUNG:**
Vor dem Schlafengehen 1 Tasse trinken.

## EINSCHLAFMILCH

**ZUTATEN:**
250 ml Milch | 1 TL Dillsamen | 2 TL Honig

**ZUBEREITUNG:**
1. Die Dillsamen im Mörser leicht anstoßen. In eine Tasse geben und mit heißer Milch übergießen.
2. 10 Minuten ziehen lassen, dann abseihen und mit Honig süßen.

**ANWENDUNG:**
Vor dem Schlafengehen 1 Tasse trinken.

# ZWIEBELSÄCKCHEN BEI OHRENSCHMERZEN

**ZUTATEN:**
1 kleine Zwiebel

**ZUBEREITUNG:**
1. Zwiebel fein hacken, erwärmen und in ein Baumwolltuch geben.
2. Das Päckchen über dem Ohr fixieren (am besten mit einem Stirnband oder einer Mütze).

**ANWENDUNG:**
Nach Bedarf und je nach Geduld des Kindes kann das Zwiebelsäckchen ruhig über einen längeren Zeitraum auf dem Ohr bleiben. Ist keine Zwiebel zur Hand, so hat eine halbierte Knoblauchzehe die gleiche Wirkung. Statt die Zwiebel zu erwärmen, kann das Kind sich auch mit dem Ohr (und dem Zwiebelpaket) auf eine Wärmflasche legen.

# 8 NATÜRLICHER INSEKTENSCHUTZ

Im Sommer krabbelt, surrt und juckt es wieder: Stech-mücken, Bremsen, Kriebelmücken sind ebenso unterwegs wie Wespen oder Läuse. Bei den meisten Menschen fängt es schon bei dem Gedanken an die lästigen kleinen Tiere an zu jucken. Zum Glück wussten sich auch unsere Vorfahren gegen Insekten oder die Folgen ihrer Stiche zu wehren – die Natur hat so einiges im Angebot.

Lavendel ist eine Allzweckwaffe gegen (fast) alle Insekten – sie meiden den Geruch

## 8.1 ZUR ABWEHR LÄSTIGER INSEKTEN

Am besten ist es natürlich, wenn man erst gar nicht gestochen wird. Dafür eignen sich ätherische Öle, die den blutsaugenden Tieren unangenehm sind – sie können in Duftlampen, Sprays oder Cremes verwendet werden.

## CREME ZUR INSEKTENABWEHR

**ZUTATEN:**
50 g Kokosöl
5 Tropfen ätherisches Öl – wahlweise von Lavendel, Zeder, Citronella, Zitronengras, Bergamotte, Salbei, Eukalyptus (oder eine Mischung aus diesen Ölen)

**ZUBEREITUNG:**
1. Kokosöl in einen kleinen Topf geben und im Wasserbad vorsichtig schmelzen.
2. Das ätherische Öl zugeben und verrühren. In einen kleinen Tiegel geben und kühl aufbewahren. Bei hygienischer Entnahme mit einem Spatel ist die Creme etwa ½ Jahr haltbar.

**ANWENDUNG:**
Vor dem Aufenthalt im Freien dünn auftragen, regelmäßig wiederholen.

# INSEKTENSPRAY

**ZUTATEN:**

100 ml destilliertes Wasser
30 ml 70-prozentiger Alkohol aus der Apotheke
20 Tropfen eines ätherischen Öls – wahlweise von Lavendel,
Zeder, Citronella, Zitronengras, Bergamotte, Salbei, Eukalyptus (oder eine Mischung aus diesen Ölen)

**ZUBEREITUNG:**
1. Zutaten mischen und in eine Pumpsprayflasche füllen.
2. Etwa 6 Monate haltbar.

**ANWENDUNG:**
Auf Haare, Kleidung, Arme oder Beine sprühen, jedoch niemals direkt ins Gesicht, da die Augen auf die ätherischen
Öle gereizt reagieren können. Besser in die Hand sprühen
und dann auf die Gesichtshaut tupfen.

# KOKOSÖL GEGEN ZECKEN

**ZUTAT:**
Bio-Kokosöl (enthält mehr wichtige Laurinsäure als herkömmliches Kokosöl)

**ANWENDUNG:**
Vor dem Spaziergang oder der Gartenarbeit eincremen. Das
Öl wirkt durch seinen hohen Gehalt an Laurinsäure – und
ist auch für Hunde, Katzen oder Pferde empfehlenswert.

## DUFT GEGEN INSEKTEN

**ZUTATEN:**
Ätherische Öle von Lavendel, Zeder, Citronella, Zitronengras, Bergamotte, Salbei, Eukalyptus (oder eine Mischung aus diesen Ölen)

**ANWENDUNG:**
Einige Tropfen der ätherischen Öle in eine Duftlampe geben und diese auf den Tisch stellen.

## LÄUSEABWEHR

**ZUTATEN:**
Je 6 Tropfen ätherisches Öl von Teebaum, Lavendel, Neroli, Rosengeranie
2 Tropfen Zistrosenöl
30 ml Orangenblütenwasser

**ZUBEREITUNG:**
1. Die ätherischen Öle in das Orangenblütenwasser tropfen.
2. Alles vermischen und eine Sprühflasche füllen. Mindestens 1 Jahr haltbar.

**ANWENDUNG:**
Bei Verdacht auf Kopfläuse (oder einem Befall in Schule oder Kindergarten) zur Vorbeugung mehrmals täglich Haar und Kopfhaut gründlich einsprühen. Bei längerem Haar sollte man die Behandlung Strähne für Strähne durchführen. Kopfhaut und Kopfbedeckungen nicht vergessen.

## 8.2 NACH DEM STICH

Bei einem juckenden Stich gibt es gleich mehrere Pflanzen-blätter, die man direkt anwenden kann. Bei jeder Pflanze gilt: Das Blatt etwas anquetschen – also zwischen den Fingern oder Handflächen reiben oder größere Blätter auch »zerknüllen«. Auch ein Breiumschlag ist denkbar – dafür werden eine oder mehrere dieser Pflanzen in einem Mörser zu Brei verarbeitet und dann mit einem Tuch auf dem Stich fixiert. Folgende Pflanzen sind zur Akuthilfe wunderbar geeignet:

- Spitzwegerich
- Ahornblätter
- Kleiner und großer Sauerampfer
- Gänseblümchen
- Wilde Malve
- Basilikum
- Petersilie
- Dachwurz
- Holunderrinde (Innenseite)
- Rohe Kartoffelscheiben
- Rohe Zwiebelscheiben

Eine Alternative für die Blätter ist ein Sud aus Blüten der Arnika oder des Rotklees. Dafür eine Handvoll Blüten in einer großen Tasse mit kochendem Wasser übergießen und 15 Minuten ziehen lassen. Den Sud abkühlen lassen, ein Baumwolltuch damit tränken und auf die juckende Stelle legen. So oft wiederholen, bis eine merkliche Besserung eintritt. Ebenfalls möglich ist eine Tinktur aus Melisse und Spitzwegerich.

# SPITZWEGERICH- UND MELISSENTINKTUR
## GEGEN DEN JUCKREIZ

**ZUTATEN:**

20–30 Spitzwegerichblätter
5–6 Zweige Melisse
500 ml 70-prozentiger Alkohol aus der Apotheke

**ZUBEREITUNG:**

1. Die Blätter von Spitzwegerich und Melisse klein schneiden und in ein helles, verschließbares Glas geben.
2. Mit Alkohol auffüllen – die Blätter müssen komplett bedeckt sein. An einen hellen, warmen Ort stellen. Regelmäßig schütteln.
3. Nach 3 Wochen die Flüssigkeit abseihen und in ein dunkles Fläschchen abfüllen. Kühl aufbewahren, dann ist die Tinktur etwa 1 Jahr haltbar.

**ANWENDUNG:**

Bei Bedarf ein paar Tropfen auf die betroffene Stelle geben und sanft einreiben. Neigt der Gestochene angesichts der Stechtiere zu Panik, so hilft es auch, einige Tropfen der Tinktur in Wasser zu geben und zu trinken: Melisse wirkt beruhigend.

# SCHMERZHAFTE INSEKTENSTICHE

Leider jucken manche Stiche nicht einfach nur, sondern schmerzen höllisch. Jeder, der einmal von Wespe, Biene oder Bremse gestochen wurde, kann davon ein Lied singen. Als Sofortmaßnahme eignen sich kalte Wassergüsse am besten. Eiswürfel, die in ein Küchenhandtuch eingeschlagen werden, können auch gute Dienste leisten. Anschließend ist eine rohe Zwiebel, die auf den Stich gebunden wird, wohltuend. Tatsächlich verhindert die Zwiebel die Freisetzung von juckenden Histaminen und ist damit ein pflanzliches Antihistaminikum, das auch bei Heuschnupfen Abhilfe schaffen kann. Im Anschluss sind Umschläge mit Quark oder Essig hilfreich. Bei einem Quarkumschlag wird der Quark mit einem Löffel direkt auf den Stich gegeben und mit einem Baumwolltuch abgedeckt. Der Quark kann so lange auf dem Stich bleiben, bis er trocken oder warm wird. Dann kann er mit frischem Quark aus dem Kühlschrank erneuert werden – und das kann so lange wiederholt werden, bis eine Besserung eintritt. Bei einem Essigwickel wird ähnlich verfahren: Hier wird das Baumwolltuch mit Essig (am besten Apfelessig) getränkt und so lange auf dem Stich fixiert, bis es warm oder trocken ist. Bei Bedarf wiederholen, bis eine Besserung eintritt.

# 9 NATÜRLICHER SONNENSCHUTZ
## UND KOSMETIK FÜR HEIßE TAGE

Was kann es Schöneres geben als endlos lange Sommertage, an denen die Sonne nicht aufhört zu scheinen? Da wird wohl bei jedem schnell die Erinnerung an nicht enden wollende Sommerferien wach. Doch leider haben solche Tage auch weniger schöne Seiten: Die Sonne verbrennt die Haut, der raue Wind am Meer trocknet sie aus … Aber zum Glück gibt es einfache Rezepte aus der Natur, die den Gang zum Drogeriemarkt überflüssig machen. Eine Sonnenschutzcreme mit einem hohen Lichtschutzfaktor bedarf allerdings vieler Zutaten aus der Apotheke, weswegen ich hier darauf verzichtet habe. In diesem Fall ist es wohl einfacher, wenn man sich eine Sonnenschutzcreme kauft.

Sanddorn, die »Zitrone des Nordens«, bietet Pflege und einen leichten Sonnenschutz

# SONNENSCHUTZ MIT SANDDORNÖL
## (LSF 4)

**ZUTATEN:**

50 g hochwertiges Sonnenblumenöl
50 Tropfen Sanddornfruchtfleischöl
10 Tropfen ätherisches Lavendelöl

**ZUBEREITUNG:**
1. Alle Zutaten in eine kleine Flasche geben und gut vermischen.
2. Kühl aufbewahrt, hält das Öl etwa 6 Monate.

**ANWENDUNG:**
Das Öl bietet einen leichten Sonnenschutz, das Sanddornfruchtfleischöl spendet Feuchtigkeit und fördert die Neubildung der Haut.

# TINKTUR GEGEN SOMMERHERPES

**ZUTATEN:**

1 Handvoll frische Melissenblätter
250 ml 70-prozentiger Alkohol aus der Apotheke

**ZUBEREITUNG:**
1. Melissenblätter klein schneiden und in ein helles, verschließbares Glas geben.
2. Mit dem Alkohol übergießen, bis die Blätter komplett bedeckt sind. Das Gefäß verschließen und an einen hellen, warmen Ort stellen. Regelmäßig schütteln.
3. Nach 3 Wochen abseihen und in eine dunkle Flasche geben. Die Tinktur ist etwa 1 Jahr haltbar.

**ANWENDUNG:**
Mehrmals täglich die Tinktur direkt auf die Bläschen tupfen. Wem der Alkohol direkt zu sehr brennt, kann die Tinktur auch mit abgekochtem Wasser verdünnen.

## AFTER-SUN-KAROTTENÖL

**ZUTATEN:**
3–4 Karotten
200 ml Olivenöl
1–2 ml Sanddornfruchtfleischöl

**ZUBEREITUNG:**
1. Karotten schälen, fein pürieren und den Gemüsebrei in ein verschließbares Glas füllen.
2. Das Olivenöl dazugeben, das Glas verschließen und den Ansatz 3 Wochen an einen hellen, warmen Ort stellen. Regelmäßig schütteln.
3. Das Öl abseihen, das Sanddornfruchtfleischöl dazugeben und in eine dunkle Flasche füllen. Das Öl hält an einem kühlen Ort etwa 6 Monate.

**ANWENDUNG:**
Nach dem Duschen großzügig auftragen. Das Karottenöl beruhigt die Haut und schützt sie vor dem Austrocknen.

## QUARKAUFLAGE BEI SONNENBRAND

**ZUTATEN:**
1 EL Kamillenblüten (frisch oder getrocknet)
250 ml Wasser
100 g Quark (bei größeren Flächen mit Sonnenbrand, etwa einem kompletten Rücken, auch mehr)

**ZUBEREITUNG:**
1. Kamillenblüten mit kochendem Wasser übergießen, 10 Minuten ziehen lassen, dann abseihen.
2. In einer Schüssel lauwarmen Quark mit 2 EL Kamillensud vermischen und etwa zentimeterdick auf ein Mulltuch geben.
3. Das Tuch auflegen und mit einem Handtuch befestigen.

**ANWENDUNG:**
Wirken lassen, solange es guttut. Dann erneuern, bis eine Wirkung eintritt. Beruhigt, kühlt und stabilisiert die gereizte Haut.

# BERUHIGENDE HAUTLOTION

**ZUTATEN:**
1 Handvoll Ringelblumenblüten
400 ml Wasser
100 ml Mandelöl
15 g Tegomuls (pflanzlicher Emulgator aus der Apotheke oder dem Internet-Versandhandel)
5 Tropfen ätherisches Lavendelöl

**ZUBEREITUNG:**
1. Die Blüten mit 400 ml kochendem Wasser übergießen, 15 Minuten ziehen und dabei auf 70 °C abkühlen lassen.
2. Öl und Tegomuls zusammen auf 70 °C erwärmen.
3. Die beiden Flüssigkeiten zusammengeben und gründlich verrühren, bis die Masse kalt wird. Dann das Lavendelöl dazugeben und die Lotion in ein verschließbares Glas gießen.

**ANWENDUNG:**
Nach dem Duschen auftragen. Die Ringelblume beruhigt die Haut, wenn diese nach dem Sonnenbad gereizt oder leicht gerötet ist.

# 10

### DIE KUNST DER
## WICKEL

Auflagen, Kompressen und Wickel sind seit Jahrtausenden
ein bewährtes Hausmittel. Schon Hippokrates schrieb von
der heilenden Wirkung von Schlammpackungen. Heute
reicht es leider meistens nur noch zum kalten Wadenwickel,
wenn das Fieber zu hoch wird. Dabei lassen sich Wickel
sehr einfach für unterschiedlichste Beschwerden anwenden.
Grundsätzlich bestehen Wickel immer aus drei Schichten.
Auf die Haut kommt das feuchte Innentuch, am besten aus

Mit einfachen Handtüchern als letzte Schicht lassen sich wirksame
Wickel herstellen

Leinen. Darüber wird ein trockenes Tuch aus Baumwolle gelegt, den Abschluss bildet ein wärmender Stoff aus Wolle. Wichtig ist bei allen Wickeln, dass die Tücher aus natürlichen Fasern bestehen, sodass sich kein Hitzestau auf der Haut bildet. Wickel sollten immer so dicht wie möglich liegen, unter den einzelnen Lagen sind im Idealfall keine Luftkammern. Das kann bei Gelenken eine Herausforderung sein – aber mit ein bisschen Übung (und vielen straff gezogenen Kanten) lässt sich das hinkriegen. Sehr viel einfacher sind die Auflagen und Kompressen, die nicht das ganze Körperteil umfassen, sondern nur an einer Seite aufliegen. Wickel wirken generell über die Temperatur. Kalte Wickel entziehen sehr viel Hitze, warme Wickel erwärmen und entspannen punktuell.

## WADENWICKEL
### BEI FIEBER

Zwei Baumwolltücher in kühles (aber nicht kaltes) Wasser tauchen, auswringen und jeweils ein Tuch möglichst faltenfrei und eng um die Wade legen. Bei sehr kleinen Kindern (unter 3 Jahren) sollte die Temperatur nur 3 °C unter der Körpertemperatur liegen. Über das feuchte Tuch ein Abschlusstuch (aus Wolle – es geht auch ein Handtuch) legen. Nach etwa 5 bis 10 Minuten, wenn sich der Wickel nicht mehr kalt anfühlt, wieder entfernen. 3- bis 4-mal wiederholen, danach Bettruhe. Kann mehrmals am Tag gemacht werden, wenn das Fieber hoch bleibt.

# BRUSTWICKEL
## BEI HUSTEN UND BRONCHITIS

Ein bis zwei Kartoffeln mit Schale kochen, mit dem Stampfer zerquetschen und etwas abkühlen lassen. Den groben Kartoffelbrei mit etwa 20 g getrocknetem Thymian mischen und in einen Kissenbezug geben – oder aus Küchenhandtüchern ein Paket falten. Die Temperatur überprüfen (es sollte warm, aber nicht mehr heiß sein!) und auf die Brust legen. Mit einem großen Tuch (Handtuch) abdecken und etwa 1 Stunde einwirken lassen. Danach Bettruhe.

# SENFWICKEL
## BEI BRONCHITIS UND HUSTEN

1 EL Senfkörner im Mörser anstoßen und dann mit 1 l kochendem Wasser übergießen. Die Mischung etwas abkühlen lassen, dann ein Tuch in den Sud tauchen und auswringen. Temperatur überprüfen (es sollte warm, aber nicht mehr heiß sein!) und das Tuch auf die Brust legen. Mit einem Handtuch abdecken und etwa 5 bis 10 Minuten einwirken lassen. Danach abnehmen und Bettruhe halten. Achtung: Der Senf wirkt reizend und sollte nicht bei Kindern unter 6 Jahren angewendet werden. Wenn der Wickel als zu scharf empfunden wird, sofort abnehmen.

## BAUCHAUFLAGE
### BEI BAUCHSCHMERZEN

Kleines Kissen mit getrockneten Heublumen und Kräutern
(z. B. Lavendel, Minze, Kamille, Muskatellersalbei) füllen.
Das Kissen über Wasserdampf erwärmen, auf den Bauch
legen. Ein weiteres Tuch (Handtuch) darüberlegen und befestigen. Etwa 1 Stunde einwirken lassen, bei Bedarf wiederholen. Das Kräuterkissen kann auch mit einer darüber
befestigten Wärmflasche erwärmt werden.

## DAMPFKOMPRESSE
### FÜR STEIFEN NACKEN

Das Innentuch sollte in kochendes Wasser getaucht werden
(am besten mit einer Grillzange). Das Tuch auf ein trockenes Flanell- oder Wolltuch geben und darin eingerollt
auswringen, dann wieder herausnehmen und mit einem
trockenen Tuch zu einem Päckchen einschlagen. Direkt auf
die schmerzende Stelle am Nacken auflegen und mit einem
zweiten Tuch abdecken und befestigen. So lange einwirken
lassen, wie die Kompresse warm ist: etwa ½ Stunde.

## BECKENKISSEN
### BEI RÜCKENSCHMERZEN

Zwei Kartoffeln mit Schale kochen, danach mit dem Stampfer zerdrücken und etwas abkühlen lassen. In einen Kissenbezug geben oder in einem Baumwolltuch zu einem Paket falten. Die Temperatur prüfen (das Kissen sollte warm, aber nicht heiß sein) und auf die schmerzende Stelle auflegen. Ein Wolltuch darübergeben und damit das Kissen befestigen. So lange auf dem Rücken belassen, wie die Wärme als angenehm empfunden wird.

## LEHMPACKUNG
### BEI PRELLUNG ODER VERSTAUCHUNG

Heilerde mit kaltem Wasser oder einem Beinwell- oder Arnikasud anrühren und zu einem streichfähigen Brei verarbeiten. Die Heilerde direkt auf das betroffene Gelenk geben – etwa 1 cm dick. Ein Baumwolltuch darübergeben, mit einem Wolltuch abdecken und befestigen. Die Lehmpackung so lange an ihrem Platz lassen, bis sie warm wird.

## QUARKWICKEL
### BEI EINER VERSTAUCHUNG ODER PRELLUNG

Den Quark etwa fingerdick auf ein Baumwolltuch geben. Zu einer Packung falten – zwischen Haut und Quark sollte nur eine dünne Stoffschicht sein. Die Packung um das betroffene Gelenk oder auf die betroffene Stelle geben, mit zwei anderen Tüchern umwickeln und fixieren. Wenn der Wickel warm wird, entfernen. Bei Bedarf wiederholen. Die Wirkung kann durch das Einrühren von getrockneten Arnikablüten oder Arnikatinktur in den Quark noch verstärkt werden.

## KOHLWICKEL
### BEI ENTZÜNDETEM GELENK

2–3 Weißkohlblätter vom Kohlkopf nehmen. Kurz in kochendem Wasser andünsten, dann auf eine Plastikunterlage geben und mit einer Wasserflasche oder einem Silikon-Nudelholz rollen, bis Pflanzensaft austritt. In diesem Fall kein Holz verwenden – es würde den Saft aufsaugen. Die Blätter auf das betroffene Gelenk geben, mit einem Baumwolltuch umwickeln, mit einem Wolltuch befestigen. Am besten über Nacht einwirken lassen.

# 11 VERDAUUNGS-PROBLEME

Unsere Verdauung reagiert sensibel auf alle möglichen Um-
welteinflüsse: Zu viel, verdorbenes, fremdes oder das falsche
Essen, zu wenig Bewegung, die falschen Getränke, Stress,
Zeitverschiebung, Viren und Bakterien – die Liste, warum
es in Magen oder Darm zwickt, ist unendlich lang. Zum
Glück gibt es auch hier – zusätzlich zu den bereits genann-
ten – einige einfach herzustellende Mittel, die schnell und
wirksam helfen.

Minze wirkt entspannend auf die Muskulatur des Darms – und hilft
so bei Durchfall und Blähungen

# DURCHFALL

## TEE

**ZUTATEN:**
2 TL getrocknete Heidelbeerblätter oder Gänsefingerkraut
1 TL getrocknete Pfefferminze
1 TL getrocknete Zitronenmelisse

**ZUBEREITUNG:**
1. Kräuter mischen. 1 TL der Mischung mit 250 ml kochendem Wasser übergießen.
2. 10 Minuten ziehen lassen, dann abseihen.

**ANWENDUNG:**
Bei Bedarf dreimal täglich 1 Tasse trinken. Die Kräuter wirken adstringierend und austrocknend.

## HEILTRUNK

**ZUTATEN:**
1 TL Flohsamenschalen | 1 TL Heilerde

**ZUBEREITUNG:**
1. Beide Zutaten in 200 ml stilles Wasser geben und verrühren.

**ANWENDUNG:**
Schluckweise trinken. Bei Bedarf 3 Gläser über den Tag verteilt einnehmen.

# VERSTOPFUNG

### ZUTAT:
## SAUERKRAUT

**ANWENDUNG:**
Am Morgen, auf nüchternen Magen, eine kleine, zimmerwarme Portion des fermentierten Weißkohls essen.

## GEWÜRZTRUNK

**ZUTATEN:**
1 EL Wacholderbeeren
1 Zimtstange
250 ml Apfelmost

**ZUBEREITUNG:**
1. Die Wacholderbeeren im Mörser zerquetschen. Die Zimtstange möglichst fein mahlen (im Mörser).
2. Die Gewürze mit dem Most in ein Glas geben und gut vermengen. Nicht abseihen.

**ANWENDUNG:**
Nach dem Essen einnehmen – der Trunk regt die Darmtätigkeit an.

## MASSAGEÖL

**ZUTATEN:**
5 TL Fenchelsamen
250 ml Mandel- oder Olivenöl

**ZUBEREITUNG:**
1. Fenchelsamen in einer Pfanne erwärmen, bis sie duften.
2. Das Öl dazugeben und auf 60 °C erwärmen. In ein verschließbares, helles Glas füllen und an einen warmen Ort stellen. Täglich schütteln.
3. Nach einer Woche abseihen und in eine dunkle Flasche füllen. Kühl aufbewahrt, hält das Öl etwa 6 Monate.

**ANWENDUNG:**
Bei Beschwerden auf den Rücken legen und entspannen, den Bauch vorsichtig im Uhrzeigersinn mit dem Öl massieren.

# BLÄHUNGEN

## TEE

**ZUTATEN:**
1 TL Kümmelsamen
1 TL Fenchelsamen
1 TL Koriandersamen
1 TL Anissamen

**ZUBEREITUNG:**
1. Samen mischen. 1 TL der Samenmischung anmörsern.
2. Mit 200 ml kochendem Wasser übergießen, nach 10 Minuten abseihen.

**ANWENDUNG:**
3 Tassen täglich bis zum Abklingen der Beschwerden trinken.

## MASSAGEÖL

**ZUTATEN:**
5 TL Kümmel
250 ml Mandel- oder Olivenöl

**ZUBEREITUNG:**
1. Den Kümmel in eine Pfanne geben und erwärmen, bis er anfängt zu duften.
2. Das Öl dazugeben und auf etwa 60 °C erwärmen. Die Mischung in ein verschließbares, helles Glas geben. Verschließen und an einen hellen Platz stellen. Täglich schütteln.
3. Nach etwa einer Woche abseihen und in eine dunkle Flasche umfüllen. Kühl aufbewahrt, hält das Öl etwa 6 Monate.

**ANWENDUNG:**
Bei Blähungen den Bauch im Uhrzeigersinn mit dem Öl massieren.

# VÖLLEGEFÜHL

## TEE

**ZUTATEN:**
1 Zimtstange (oder 1 walnussgroßes Stück Ingwer)

**ZUBEREITUNG:**
1. Zimtstange zerkleinern (oder Ingwer schälen und in Scheiben schneiden) und mit 250 ml kochendem Wasser übergießen.
2. 10 Minuten ziehen lassen, abseihen.

**ANWENDUNG:**
Den Tee vor und nach reichhaltigen Mahlzeiten genießen.

APOTHEKE &
DROGERIE

## ESSIGTRUNK

**ZUTATEN:**
1 EL Apfelessig

**ANWENDUNG:**
Vor dem Essen 1 EL Apfelessig in lauwarmes Wasser rühren
und trinken. Je nach Geschmack kann man den Trank auch
mit Honig süßen.

# 12 HEUSCHNUPFEN

Eine Zivilisationskrankheit, die unsere Vorfahren nicht kannten? Von wegen: Heuschnupfen und Allergien mögen heute häufiger auftreten – aber es gab sie auch früher schon. Und deswegen kann man sich auch in diesem Bereich mit den richtigen Rezepturen und Tricks behelfen.

## HONIG

**ZUTATEN:**
Regionaler Honig

**ANWENDUNG:**
Die tägliche Einnahme von 1 TL regionalem Honig (möglichst aus dem eigenen Landkreis – je näher am Wohnort, desto besser) sorgt dafür, dass man auf heimische Pollen nicht mehr so stark reagiert.

# MALVENTINKTUR

**ZUTATEN:**
1 große Handvoll frische Malvenblüten
500 ml 60-prozentiger Alkohol (aus der Apotheke)

**ZUBEREITUNG:**
1. Nur gesunde Blüten sammeln und in ein großes, helles, verschließbares Glas füllen.
2. Mit dem Alkohol bedecken – es darf keine Blüte unbedeckt sein. Das Gefäß verschließen und an einen dunklen Ort stellen. Täglich schütteln.
3. Nach 4 bis 5 Wochen abseihen und in eine dunkle Flasche füllen. Kühl gelagert ist die Tinktur etwa 1 Jahr haltbar.

**ANWENDUNG:**
Zur Vorbeugung von Heuschnupfen nehmen Erwachsene dreimal täglich 20 Tropfen. Im Akutfall stündlich 10 Tropfen im Mund zergehen lassen.

# MALVE-KALTAUSZUG

**ZUTATEN:**
4 TL getrocknetes Malvenkraut (oder Malvenblüten)

**ZUBEREITUNG:**
1. Das getrocknete Kraut (oder die getrockneten Blüten) mit 200 ml kaltem Wasser übergießen und 8 Stunden stehen lassen.
2. Abseihen, leicht erwärmen und trinken.

Die wunderschönen Blütenblätter der Malve sind frisch und getrocknet wirksam

**ANWENDUNG:**
Zur Vorbeugung trinkt man 2 Tassen täglich, im Akutfall 1 l über den Tag verteilt. Man kann auch immer gleich 1 l des Kaltauszugs herstellen. Der Auszug wirkt reizlindernd, die Schleimstoffe legen sich wie ein Schutzmantel über die Schleimhäute.

## LINDERNDER NASENBALSAM

**ZUTATEN:**
5 g Wollwachs | 50 ml Mandelöl

**ZUBEREITUNG:**
1.  Das Wachs mit dem Öl im Wasserbad erwärmen. Gut verrühren und in einen Tiegel füllen. Der Balsam hält

bei kühler Lagerung und steriler Entnahme etwa 6 Wochen.

ANWENDUNG:

Bei Bedarf mit einem Spatel eine kleine Menge entnehmen und auf die wunden, gereizten Nasenschleimhäute geben.

# ANTI-HEUSCHNUPFEN-SUPPE

ZUTATEN:

200 g Brokkoli
2 Kartoffeln
2 Stangen Sellerie
1 kleine Zwiebel
1 Knoblauchzehe
2 EL Öl
500 ml Gemüsebrühe

ZUBEREITUNG:

1. Brokkoli waschen und zerkleinern. Kartoffeln schälen und in Stücke schneiden. Sellerie waschen und in Stücke schneiden. Zwiebel und Knoblauchzehe schälen und würfeln.
2. Gemüse im Öl andünsten und mit Gemüsebrühe ablöschen. Zugedeckt 20 Minuten köcheln lassen, dann pürieren.

ANWENDUNG:

Im Akutfall möglichst häufig Zwiebeln und Knoblauch essen – das enthaltene Quercetin wirkt ähnlich wie ein Antihistaminikum. Brokkoli lindert Atemwegserkrankungen und Heuschnupfen durch Senfölglykoside. Antioxidantien im Staudensellerie sind ebenfalls hilfreich.

# MINZ-VOLLBAD

**ZUTATEN:**
5 Tropfen ätherisches Öl der Pfefferminze

**ANWENDUNG:**
Im Akutfall vor dem Einschlafen ein Bad nehmen. Das Öl ins Badewasser geben und beim Baden tief atmen. Die schleimlösende und antibakterielle Wirkung des Öls sorgt für eine ruhige Nacht.

# 13 NATÜRLICH
## SCHÖN

Sicher, die Regale der Drogerien sind randvoll mit schön verpackten Seifen, Shampoos, Lotionen und Deos. Sie versprechen perfekten Duft, weiche Haut und glänzende Haare. Aber der Blick auf die Liste der Inhaltsstoffe hinterlässt eigentlich nur Fragezeichen – zumindest bei allen Nichtchemikern. Deswegen sollte man all dies besser selber herstellen. Die Basisrezepte sind einfach – und die Inhaltsstoffe sehr übersichtlich. Das Beste: Hier kann jeder seinen eigenen Lieblingsduft mit ein paar Tropfen ätherischem Öl selber hinzufügen.

Selbst gemachte Kosmetik: ideal für alle Allergiker

# MUNDSPÜLUNG

**ZUTATEN:**

2 TL Natron (aus der Apotheke oder Drogerie)
40 g Birkenzucker (Xylitol, aus dem Reformhaus)
10 Tropfen ätherisches Öl nach Geschmack (z. B. Pfefferminze oder Salbei)

**ZUBEREITUNG:**

1. 500 ml Wasser zum Kochen bringen, dann abkühlen lassen, bis es lauwarm ist.
2. Das Wasser mit allen anderen Zutaten in eine leere, saubere Glasflasche mit Schraubverschluss geben. Kräftig schütteln.

**ANWENDUNG:**

Morgens und abends nach dem Zähneputzen einen kleinen Schluck zur Mundspülung verwenden. Natron tötet Bakterien ab. Birkenzucker verhindert die Entstehung von Karies.

# DEO

**ZUTATEN:**

2 TL Natron (aus Apotheke oder Drogerie)
10–12 Tropfen ätherisches Lavendelöl (oder ein anderes Öl, je nach Vorliebe)

**ZUBEREITUNG:**

1. 100 ml Wasser aufkochen, dann abkühlen lassen, bis es lauwarm ist. Natron und Lavendelöl einrühren und gut vermischen.
2. In eine Sprühflasche (Apotheke) umfüllen.

**ANWENDUNG:**
Wie ein normales Deo nach der Morgendusche verwenden.

## GESICHTSWASSER

**ZUTATEN:**
1 Handvoll Löwenzahnblätter
2 TL Melissenblätter
100 ml Rosenwasser aus der Apotheke
75 ml 70- bis 80-prozentiger Alkohol aus der Apotheke

**ZUBEREITUNG:**
1. Löwenzahn und Melisse zerkleinern, in einem kleinen Topf mit 150 ml kochendem Wasser übergießen. Zugedeckt abkühlen lassen, abseihen.
2. Mit dem Rosenwasser mischen. Den Alkohol zugeben und in eine Flasche füllen. Im Kühlschrank aufbewahrt, hält das Gesichtswasser etwa 1 Monat.

**ANWENDUNG:**
Nach der Reinigung das Gesichtswasser mit einem Wattebausch auf das Gesicht auftragen. Wirkt belebend für trockene, müde Haut.

## SHAMPOO

**ZUTATEN:**
25 g getrocknete Lavendelblüten
30 g Kernseife
25 ml Wodka (oder hochprozentigen, klaren Schnaps)
8 Tropfen ätherisches Lavendelöl

**ZUBEREITUNG:**

1. 150 ml kochendes Wasser über die Lavendelblüten geben und 3 Stunden ziehen lassen. Danach durch ein Teesieb abseihen, die Blüten gut ausdrücken.
2. Die Kernseife fein raspeln und in einem Topf mit 250 ml Wasser zum Kochen bringen, dabei mit einem Schneebesen gut verrühren.
3. Den Lavendelsud mit der flüssigen Seife vermischen, das ätherische Öl und den Wodka dazugeben. Mit einem Rührgerät auf höchster Stufe durchrühren, damit die Masse schön cremig wird. In eine Flasche füllen, vor Gebrauch immer gut schütteln.

**ANWENDUNG:**

Ins nasse Haar einmassieren und gründlich ausspülen. Wer keinen Lavendel mag, kann auch mit Kamille oder Salbei arbeiten (getrocknete Blüten und ätherisches Öl ersetzen).

# HAARSPÜLUNG GEGEN SCHUPPEN

**ZUTATEN:**

2 Handvoll frische Blätter der Kapuzinerkresse

**ZUBEREITUNG:**

1. Die zerkleinerten Blätter in einen Topf geben und mit 500 ml kaltem Wasser übergießen. Aufkochen lassen, dann vom Feuer nehmen.
2. 15 Minuten ziehen lassen, dann abseihen und in eine Flasche füllen.

**ANWENDUNG:**

Die Kopfhaut nach dem Waschen damit spülen. Nicht auswaschen. Kapuzinerkresse wirkt gegen die Pilze, die für die Schuppen verantwortlich sind.

Für die Haarspülung am besten frische Blätter und Blüten verwenden – beim Trocknen verlieren sich die meisten der Inhaltsstoffe

## AKNE-MASKE

**ZUTATEN:**

1 EL Kurkumapulver
1 TL Honig
1 TL Zitronensaft (oder bei empfindlicher Haut statt dem Zitronensaft 1 EL Joghurt)

**ZUBEREITUNG:**

1. Alle Zutaten zusammenrühren, sodass eine gelbe Paste entsteht.

**ANWENDUNG:**

Die Maske mit einem Pinsel auf das Gesicht auftragen und 15 Minuten einwirken lassen. Danach vorsichtig mit lau-

warmem Wasser abwaschen. Achtung! Die Maske färbt stark gelb, also nur alte Handtücher verwenden. Außerdem bleibt im Gesicht eventuell eine leicht gelbe Färbung zurück – daher die Maske nur abends auftragen. Nach der morgendlichen Gesichtspflege ist die Färbung dann verschwunden.

# HAUSHALT

## 1 GROßER
## HAUSPUTZ

Der große Frühlingsputz ist keine Erfindung der Neuzeit. Im Gegenteil: Schon unsere Großmütter (und wahrscheinlich auch deren Großmütter) haben zu Beginn der hellen Jahreszeit ihren Haushalt auf Vordermann gebracht. Kein Wunder: Durch die länger und intensiver scheinende Sonne kamen all die Dreckkrusten und Wollmäuse, die bisher gnädig im Dämmerlicht verborgen waren, deutlich zum Vorschein.

Sicher ist: Zu Zeiten unserer Groß- und Urgroßmütter gab es keinen der heutigen Kraftreiniger aus dem Supermarkt. Und trotzdem war am Ende des Großreinemachens alles blitzblank sauber. Die althergebrachten Reinigungsmittel finden sich – neben jeder Menge Farb- und Duftstoffe – noch heute in vielen Reinigungsmitteln: Das sind Essig, Schlämmkreide, Kernseife, Zitrone, Natron, Seife und Salz.

Mit diesen Grundzutaten kann allerdings auch jeder selbst seine Reinigungsmittel anrühren. Der große Vorteil: Sie sind sehr viel günstiger, und man weiß ganz genau, was in ihnen steckt. Unbekannte Chemie, Mikroplastik und aufwendige Verpackung fallen auf jeden Fall weg.

Eine Kleinigkeit gibt es noch zu beachten: Natron oder Backpulver (Natriumhydrogenkarbonat) benötigen Sie für viele der folgenden Rezepte. Dieser Stoff hat allerdings nichts mit Soda oder Waschsoda (Natriumkarbonat) zu tun, das auch einige Male zum Einsatz kommt. Achten Sie also auf das Kleingedruckte auf der Packung. Die Verwirrung rührt daher, dass im englischsprachigen Raum Natron eben »Soda« heißt – und viele Ratgeber eher schlampig aus dem Englischen übersetzt sind.

Außerdem ist es wichtig, dass alle Gläser und Flaschen mit den selbst gemachten Reinigungsmitteln beschriftet werden. Durch die verwendeten ätherischen Öle von Lavendel, Eukalyptus & Co. könnte sonst ein Hausgast die Reinigungsmittel mit Nahrungsmitteln verwechseln ...

Die wichtigsten Zutaten für die Herstellung von natürlichen Putzmitteln: Seife, Essig, Zitrone, Natron

# 1.1 KÜCHE
## MITTEL GEGEN FETT, KRUSTEN UND GERÜCHE

Glänzendes Geschirr in einer sauberen Küche – das ist die einfache Anforderung, der sich die meisten Hausfrauen und -männer ausgesetzt sehen. Dem Wunsch nach natürlichen und nachhaltigen Reinigungsmitteln ist tatsächlich gar nicht so schwer nachzukommen – und das gilt sogar für moderne Geräte wie Geschirrspülmaschinen und Backofen.

## UNIVERSALSPÜLMITTEL

Dieses Spülmittel eignet sich besonders für die Handwäsche von Geschirr. Es wird einfach in warmes Wasser gegeben, dann kann das Geschirr mit einem Schwamm oder einer Bürste gereinigt werden. Je fettiger und verkrusteter die Essensreste auf dem Geschirr sind, desto mehr Spülmittel ist nötig.

**ZUTATEN:**
15 g getrocknete Lavendelblüten
10 g Kernseife
4 g Waschsoda
30 g Maisstärke
1 TL Sonnenblumenöl
15 Tropfen ätherisches Lavendelöl

**ZUBEREITUNG:**
1. Lavendelblüten mit 500 ml kochendem Wasser übergießen und abgedeckt über Nacht stehen lassen. Abseihen.

2. Die Kernseife fein raspeln und zusammen mit dem Lavendelsud in einen Topf geben. Sanft erhitzen und dabei mit dem Schneebesen kräftig verrühren. Abkühlen lassen, dabei immer wieder rühren.
3. Waschsoda, Maisstärke, Pflanzen- und Lavendelöl zugeben und noch einmal kräftig umrühren. In eine Glasflasche füllen und über Nacht eindicken lassen. Vor der Anwendung immer kurz durchschütteln.

**ANWENDUNG:**
Wie ein normales Spülmittel. Gründlich nachspülen, die Maisstärke hinterlässt sonst Schlieren.

# ALLZWECKREINIGER
## FÜR GLATTE FLÄCHEN

Lediglich drei Zutaten finden sich in dem Allzweckreiniger – und das zeigt: Die endlosen Zutatenlisten der Reiniger aus dem Supermarkt sind schlicht überflüssig. Dieser Reiniger aus der Sprühflasche überzeugt durch Reduzierung auf das Wesentliche.

**ZUTATEN:**
10 g Natron
15 g Kernseife
15 Tropfen ätherisches Öl (je nach Vorliebe eignen sich Eukalyptus, Lavendel oder Orange)

**ZUBEREITUNG:**
1. Die Kernseife fein reiben und mit 700 ml Wasser in einen Topf geben. Sanft erhitzen und mit einem Schneebesen kräftig verrühren.
2. Abkühlen lassen und Natron und ätherisches Öl zugeben. Kräftig verrühren und in eine Sprühflasche geben.

**ANWENDUNG:**

Vor der Anwendung kurz schütteln. Auf die glatten Flächen sprühen und mit einem feuchten Tuch nachwischen. Der Geruch von Eukalyptus vertreibt zusätzlich Küchenschaben.

## SCHEUERPULVER

Hier kommt sie das erste Mal in diesem Buch: die Schlämmkreide. Es gibt Anwender, die behaupten, dass sie alleine schon mehr als die Hälfte aller Putzmittel ersetzt. Chemisch gesehen ist Schlämmkreide Kalziumkarbonat – tatsächlich handelt es sich um sehr feines, gereinigtes Kalkgestein. Es wird zur Reinigung verschiedenster Oberflächen eingesetzt – und das schließt sogar die Haut ein!

**ZUTATEN:**

100 g Waschsoda
100 g Natron
100 g Schlämmkreide

**ZUBEREITUNG:**

1. Waschsoda, Natron und Schlämmkreide gut vermischen.
2. In ein verschließbares Glas füllen (am besten eignet sich ein Marmeladenglas) und trocken aufbewahren.

**ANWENDUNG:**

Etwas Scheuerpulver auf die Fläche geben und mit einem Schwamm kreisförmig putzen. Mit feuchtem Lappen nachreinigen. Achtung: Unbedingt Gummihandschuhe anziehen!

# ORANGENREINIGER

Wer hätte gedacht, dass Orangenschalen sich als Putzmittel eignen?

Dieser Reiniger sollte unbedingt im Winter angesetzt werden: In der Adventszeit fallen viele Orangenschalen an – und hier werden sie nicht im Biomüll entsorgt, sondern haben noch einen sinnvollen Einsatz. Neben der Reinigungskraft ist der herrliche Duft ein unschlagbarer Vorteil.

**ZUTATEN:**
2 Handvoll Orangenschalen (bio, ohne Fruchtfleisch)
500 ml weißer Haushaltsessig

**ZUBEREITUNG:**
1.  Orangenschalen in ein großes Einmachglas geben und mit Essig bedecken. Das kann auch über mehrere Tage

hinweg geschehen: Also immer, wenn man eine Orange schält, die Schalen in das Glas geben und den Essig auffüllen, damit die Schalen bedeckt sind.

2. Wenn das Glas voll ist, 2 Wochen ziehen lassen. Abseihen und in eine Sprühflasche füllen.

**ANWENDUNG:**
Als Allzweckreiniger auf glatte Flächen sprühen und mit einem feuchten Tuch nachreiben.

# BACKOFENREINIGER

Wer hat sich nicht schon gefragt, was in den Dosen mit Warnung vor ätzender Wirkung wirklich drin ist? Da ist die Antwort bei dem folgenden Rezept doch sehr übersichtlich …

**ZUTATEN:**
360 ml flüssiges Soda
30 Tropfen Orangenöl

**ZUBEREITUNG:**
1. Soda, 250 ml kaltes Wasser und Orangenöl zusammen in eine Sprühflasche geben.

**ANWENDUNG:**
Den Reiniger auf Rost und Bleche sprühen. Backofen auf 50 °C hochheizen, Bleche und Rost einschieben. Reiniger 1 Stunde einwirken lassen, Fenster dabei geöffnet halten. Danach Bleche und Rost gründlich mit einem Schwamm reinigen und mit klarem Wasser nachspülen.

# PULVER FÜR GESCHIRRSPÜLMASCHINEN

Die Verpackung der Tabs für die Geschirrspülmaschine ist für die meisten ein Ärgernis. Jeder einzelne Tab wohnt in einer Verpackung aus Plastik – und dahinter verbirgt sich dann die 7-in-1-Reinigungskraft in verschiedenen Farben. Das ist gut für den Umsatz der Hersteller dieser Tabs, aber meistens weniger gut für den Geldbeutel und die Umwelt. Dieser Zitronenreiniger funktioniert garantiert auch!

ZUTATEN:
100 g Salz
100 g Natron
100 g Zitronensäurepulver
30 Tropfen ätherisches Zitronenöl

ZUBEREITUNG:
1. Salz, Natron und Zitronensäurepulver in einer Schüssel mischen. Das ätherische Öl langsam unter Rühren dazugeben. Etwas trocknen lassen.
2. In ein verschließbares Glas umfüllen – am besten ein Marmeladenglas.

ANWENDUNG:
1–2 EL des Pulvers in die Dosierkammer des Geschirrspülers geben. Die exakte Menge hängt von Wasserhärte, Gerät und der Verschmutzung des Geschirrs ab.

# TOPF- UND PFANNENREINIGER

**ZUTATEN:**
10 g Zitronenschalenabrieb
15 g Weinsteinbackpulver
30 g Natron
1 EL Milchpulver

**ZUBEREITUNG:**
1. Zitronenschale, Weinsteinbackpulver und Natron mischen, dann Milchpulver zugeben.
2. Mit 1 EL Wasser aufschäumen, umrühren.
3. Warten, bis die Mischung nicht mehr schäumt – mit 250 ml warmem Wasser aufgießen und erneut verrühren. In eine Flasche umfüllen.

**ANWENDUNG:**
Vor jedem Gebrauch aufschütteln. Etwas Reiniger auf ein Tuch geben und die verkrusteten Stellen damit einreiben. Gründlich abspülen.

# ABFLUSSREINIGER

Hier wird es ätzend – anders lässt sich ein verstopfter Ausfluss wohl kaum frei bekommen. Fett, Haare und Essensreste bilden hier schnell mal eine hartnäckige Barriere. Immerhin kann man sich bei den aufgeführten Zutaten sicher sein, dass sie im Wasser keinen weiteren Schaden anrichten – sie werden ohne größere Probleme abgebaut.

**ZUTATEN:**
70 g Natron | 100 g Salz | 130 ml Essigessenz

**ZUBEREITUNG:**
1. Natron, Salz und Essigessenz mischen.

**ANWENDUNG:**
Sofort in den Abfluss geben. Einen nassen Lappen auf den Ausguss legen. 15 Minuten warten, dann mit reichlich kochendem Wasser nachspülen. Achtung: Atmen Sie die Dämpfe nicht ein!

## ESSIGREINIGER

Noch einfacher wird es nicht mehr – und auch nicht sehr viel effektiver, wenn es um die Beseitigung von Kalkflecken geht. Da ist Essigreiniger die beste Wahl: Kostengünstig, effektiv und natürlich. Was will man mehr?

**ZUTATEN:**
Haushaltsessig

**ZUBEREITUNG:**
1. Essig mit Wasser im Verhältnis 1:1 mischen – je nach gewünschter Menge.

**ANWENDUNG:**
Mit dem Essigreiniger Brotkästen regelmäßig auswischen, um Schimmel fernzuhalten. Das Auswischen des Kühlschranks vernichtet Bakterien und verhindert damit unangenehme Gerüche. Mit der Mischung lassen sich auch Kaffee-Filtermaschinen, Dampfbügeleisen und Wasserkocher entkalken: Die Kaffeemaschine oder das Dampfbügeleisen kurz anschalten, damit der Essigreiniger sich verteilen kann, dann ½ Stunde einwirken lassen. Danach mit

klarem Wasser durchspülen. Im Wasserkocher die Mischung mehrere Stunden einwirken lassen.

## 1.2 BAD UND TOILETTE
### MITTEL FÜR HYGIENE UND GEGEN GERÜCHE

An keinem anderen Ort sind wir so auf Reinlichkeit bedacht wie im Bad und auf der Toilette. Hier wird es einfach schnell eklig, wenn es nach Urin oder Schimmel stinkt, das Waschbecken schmierig ist und die Silberfischchen unter der kalkfleckigen Armatur ein Tänzchen wagen. Zum Glück gibt es für alles ein bewährtes Mittel …

Natron und Zitrone – ein unschlagbares Paar in Sachen Sauberkeit

# FLIESENREINIGER

Eine einzige Zutat – wenn das mal nicht übersichtlich ist. Da Soda aber leicht reizt, sollte man die Handschuhe nicht vergessen.

**ZUTATEN:**
25 g Waschsoda

**ZUBEREITUNG:**
1. Das Waschsoda in 2 l warmem Wasser auflösen und glatte Flächen damit abwischen (Handschuhe tragen).
2. Mit klarem Wasser nachwischen.

**ANWENDUNG:**
Reinigt alle glatten Flächen und macht sie wieder glänzend – also Fliesen, Wannen, Duschen. Marmor wird allerdings von Soda angegriffen, bei Marmorplatten also besonders gründlich mit Wasser nachwischen. Bei starker Verschmutzung kann zusätzlich die Scheuerpaste (nächstes Rezept) zum Einsatz kommen.

# SCHEUERPASTE

**ZUTATEN:**
25 g Kernseife
80 g Kokosfett
25 ml Rapsöl
40 g Waschsoda
50 g weiße Schlämmkreide
35 Tropfen ätherisches Eukalyptusöl

**ZUBEREITUNG:**
1. Die Kernseife fein reiben und mit 120 ml Wasser in einen Topf geben. Sanft erhitzen und mit einem Schneebesen kräftig verrühren.
2. Kokosfett darin auflösen. Restliche Zutaten unterrühren, es sollte eine dicke Paste entstehen. In ein breites Glas füllen.

**ANWENDUNG:**
Die Paste auf Kalkflecken in Waschbecken und Badewanne auftragen. Danach mit einem Spülmittel entfernen und mit warmem Wasser nachspülen. Vorsicht: Die Paste scheuert wirklich – also nicht für Acrylbadewannen und ähnlich empfindliche Oberflächen verwenden. Sie würden zerkratzen und stumpf werden.

# TOILETTENREINIGER
## GEGEN URINSTEIN

Einer der Reiniger aus dem Supermarkt, die man nur mit Bauchweh verwendet, ist ganz bestimmt der Toilettenreiniger. Was macht der Reiniger mit dem Wasser, baut sich das wirklich ab – und ist es trotzdem wirksam? Dieser Toilettenreiniger ist dagegen beides: wirksam und absolut umweltverträglich. Der natürliche Geruch nach Fichte schlägt auch jeden künstlichen Geruch, der Sauberkeit vorgaukeln soll.

**ZUTATEN:**
750 ml Haushaltsessig
50 g Maisstärke
3 frische, junge Fichtenzweige
30 Tropfen ätherisches Fichtennadelöl

**ZUBEREITUNG:**

1. Einen Teil des Essigs mit der Maisstärke glatt verrühren. Restlichen Essig in einem Topf erhitzen.
2. Die angerührte Maisstärke und die Zweige in den Topf geben. Gut verrühren. Kräftig erhitzen, dann vom Herd ziehen und abkühlen lassen. Zweige herausnehmen und die Flüssigkeit in eine Sprühflasche füllen.

**ANWENDUNG:**

Vor der Verwendung schütteln. Zweimal wöchentlich unter den Rand der Toilette sprühen, einwirken lassen, mit der Klobürste schrubben und dann die Spülung betätigen.

## WC-REINIGER-TABS

Auch bei den WC-Tabs sorgen die gekauften Produkte meist für Unwohlsein. Es sprudelt, riecht chemisch, und die Warnung auf den Packungen ist überdeutlich. Die folgenden Tabs wirken ebenfalls, dabei lassen sich Natron und Zitronensäure aber gut abbauen und sind zudem noch günstig.

**ZUTATEN:**

300 g Natron
100 g Zitronensäurepulver
20 Tropfen ätherisches Thymianöl

**ZUBEREITUNG:**

1. Natron in eine Schüssel geben. 1–3 TL Wasser zugeben und vermengen. Die Masse sollte wie nasser Sand wirken.
2. Ätherisches Öl untermischen. Danach Zitronensäure zugeben und gründlich vermengen. In Silikonförmchen füllen.
3. Über Nacht an einem trockenen, warmen (und kindersicheren) Ort aushärten lassen. Vorsichtig aus den Formen lösen und luftdicht verpackt aufbewahren.

1 Tab pro Woche über Nacht im Standwasser einwirken lassen. Dann einfach spülen.

## ANTI-SCHIMMEL-MITTEL

Bei Schimmel gibt es ein Universalmittel, das einfach immer hilft: Essigessenz. Das beigefügte ätherische Öl ist nur die Kür und für unsere Nase gedacht. Wer auf diesen Wellnesseffekt verzichten möchte, der kann auch einfach nur Essigessenz verwenden.

### ZUTATEN:
80 ml Essigessenz
10 Tropfen ätherisches Lavendel- oder Zitrusöl

### ZUBEREITUNG:
1. 500 ml Wasser aufkochen, dann abkühlen lassen.
2. Wenn das Wasser nur noch lauwarm ist, Essig und ätherisches Öl zugeben. In eine Sprühflasche füllen und kräftig schütteln.

### ANWENDUNG:
Auf schimmelige Stellen im Bad sprühen, einwirken lassen und feucht nachwischen. Wenn z. B. der komplette Duschvorhang Stockflecken hat, kann man auch 5 l warmes Wasser in einem Eimer mit 30 g Waschsoda verrühren – und den Duschvorhang in die Mischung geben. 20 bis 30 Minuten einwirken lassen, dann mit klarem Wasser nachspülen.

HAUSHALT

# RAUMDUFT FÜR BAD & TOILETTE

Eine wohlriechende Toilette sorgt doch sofort für Wohlbefinden. Sollte jemand Lavendel und Orangen nicht leiden können, dann lassen sich hier auch alle möglichen eigenen Mischungen testen. Warum nicht Grapefruit und Zitronengras oder Minze? Hier kann jeder seiner Nase folgen.

**ZUTATEN:**
20 ml Wodka
20 Tropfen ätherisches Lavendelöl
20 Tropfen Orangenöl

**ZUBEREITUNG:**
1. 250 ml Wasser, Wodka und ätherische Öle in einer Schüssel vermischen.
2. In eine hohe, schmale Flasche füllen.

**ANWENDUNG:**
Schaschlikstäbchen aus Holz hineinstellen. Der Duft wird dauerhaft verbreitet (je mehr Stäbchen, desto intensiver).

# 1.3 WOHN- UND SCHLAFZIMMER
## MITTEL FÜR BÖDEN, TEPPICHE UND WOHNMÖBEL

Parkett, Teppiche, Polstermöbel mit Bezügen aus Stoff oder Leder, Holzmöbel und Betten: Hier geht es darum, dass all diese Materialien gepflegt sowie Flecken von Öl über Blut bis Rotwein entfernt werden müssen – und zuletzt auch noch unangenehme Gerüche aus der guten Stube vertrieben werden sollten. Aber das ist alles kein Problem – und dafür benötigt man nicht einmal die große Chemiekeule.

# UNIVERSAL-BODENWISCHMITTEL

In diesem Bodenwischmittel steckt jede Menge Grünzeug – und deswegen lässt es sich auch am besten im Frühling oder Sommer herstellen, wenn vor allem die Birkenblätter frisch und grün am Baum hängen. Im Winter kann man dieses Wischmittel alternativ ausschließlich mit Efeu herstellen, für Allergiker auf den Efeu ist auch die alleinige Verwendung von Birke möglich. Die Waschkraft dieser Pflanzen rührt übrigens von den Saponinen her, die sie reichlich enthalten.

## ZUTATEN:

2 Handvoll frische Efeublätter
1 Handvoll frische Birkenblätter
1 Handvoll Minzblätter
65 g Waschsoda
20 Tropfen ätherisches Öl (z. B. Eukalyptus, Minze, Thymian, Teebaum)

## ZUBEREITUNG:

1. Efeu und Birkenblätter waschen und grob klein schneiden. 1 l Wasser auf dem Herd zum Kochen bringen, Herd ausschalten und die Blätter einrühren. 24 Stunden abgedeckt stehen lassen.
2. Den Sud abseihen. Waschsoda zugeben und rühren, bis es sich aufgelöst hat. Ätherisches Öl und Minzblätter zugeben und in eine Flasche füllen.

## ANWENDUNG:

100 ml Reiniger in 4 l warmes Wasser geben. Böden damit nicht zu feucht wischen, nicht nachwischen und trocknen lassen.

# BODENEMULSION FÜR STARK VERSCHMUTZTE HOLZBÖDEN

Gerade im Eingangsbereich wird ein Holzboden schnell dreckig – und auch hässlich. Vor allem die Emulsion mit schwarzem Tee hat sich für dunkle Böden sehr bewährt.

**ZUTATEN:**

75 g Kernseife
125 ml Haushaltsessig
1 Zitrone
20 Tropfen ätherisches Öl (nach Vorliebe, z. B. Lavendel, Orange, Teebaum)

**ZUBEREITUNG:**

1. Kernseife fein reiben und in einem Topf mit 250 ml Wasser erhitzen. Mit dem Schneebesen kräftig verrühren, vom Herd nehmen.
2. Mit dem Saft der Zitrone, dem Essig und dem ätherischen Öl vermischen, nach dem Abkühlen am besten noch einmal mit dem Zauberstab mixen. In eine Flasche füllen.

**ANWENDUNG:**

Im Verhältnis 20:1 ins warme Wischwasser geben, nicht zu feucht aufwischen. Bei dunklen Böden kann das Wasser auch durch schwarzen Tee ersetzt werden, das frischt die Farbe auf und verleiht ihnen einen warmen Glanz.

# BODENPFLEGE FÜR LEICHT VERSCHMUTZTE HOLZBÖDEN

Offenporige Holzböden reagieren dankbar auf diese Pflege – vor allem, wenn sie schon einige Zeit zu scharfen, chemischen Reinigungsmitteln ausgesetzt waren.

**ZUTATEN:**
600 ml Sonnenblumenöl
400 ml Haushaltsessig
20 Tropfen ätherisches Öl (nach Vorliebe, z. B. Lavendel, Orange, Teebaum)

**ZUBEREITUNG:**
1. Alle Zutaten mit 2 l warmem Wasser vermischen.
2. Offenporigen Holzboden damit wischen.

**ANWENDUNG:**
Nicht zu feucht wischen, nicht nachwischen. Das Öl pflegt, der Essig desinfiziert. Bei dunklen Böden kann man auch Leinöl verwenden, das frischt die Farbe zusätzlich auf.

# NATÜRLICHE SCHÖNHEITSREPARATUR VON HOLZBÖDEN

Wie schnell ist es passiert: Etwas Schweres fällt herunter – und eine Delle verunziert den Holzboden. Zum Glück ist Holz ein lebendiger Werkstoff, bei dem Kratzer und Dellen auch »repariert« werden können.

**ZUTATEN:**
10 g Natron
50 ml Haushaltsessig
Bienenwachs

Bienenwachs sorgt für einen warmen Glanz – und einen feinen Geruch. Die Pastillen finden sich im Internet oder in Drogeriemärkten

**ANWENDUNG:**

Kleine Dellen im Holzboden zunächst mit Natron bestreuen. Essig mit 50 ml Wasser mischen und vorsichtig löffelweise auf die Delle geben. Die Mischung schäumt auf. Einige Minuten warten, dann mit einem feuchten Lappen aufwischen. Das aufgequollene Holz schließt meist Kratzer und Dellen. Anschließend trocknen lassen und mit warmem Bienenwachs bearbeiten, bis der Kratzer fast unsichtbar ist.

## TEPPICHREINIGER

Teppiche sind wunderschön – und leider auch empfindlich. Der Teppichschaum aus dem Drogeriemarkt erscheint bei Gerüchen und Flecken oft als die einzige Lösung. Günstiger und sehr viel natürlicher sind jedoch die drei folgenden Methoden. Schließlich möchte man im Anschluss an die Reinigung wieder Baby, Hund oder Katze über den Teppich flitzen lassen.

**ZUTATEN:**

200 ml Haushaltsessig oder Stärkemehl oder Natron

**ANWENDUNG:**

Um die Farben aufzufrischen, kann man den Haushaltsessig in 4 l warmes Wasser geben. Die Mischung mit einer weichen Bürste auf dem Teppich verteilen – das vermindert zudem unangenehme Gerüche. Teppiche, die kein Wasser vertragen, kann man mit Stärkemehl bestäuben, das man 30 Minuten einwirken lässt und dann absaugt. Bei stärkerer Verschmutzung und Flecken hat sich die gleiche Vorgehensweise mit Natron bewährt. Je nach Größe und Stärke der Flecken kann man das Natron auch über Nacht einwirken lassen.

HAUSHALT

# FLECKEN AUS TEPPICHEN ENTFERNEN

Warten Sie nicht auf den Morgen nach der Party: Alle Flecken auf Teppichböden sollten sofort entfernt werden. Dafür am besten ein dickes (altes) Handtuch auf den Fleck legen und Sprudelwasser darüberlaufen lassen. Die verschmutzende Substanz zieht dann mit dem Sprudelwasser ins Handtuch. Nicht reiben, nur tupfen! Auf Ölflecken eine Mischung aus Salz und Spiritus geben, 30 Minuten warten, dann vorsichtig abtupfen.

# POLSTERMÖBELREINIGER

Der Schaum aus den bunten Dosen lässt sich auf einfache Weise recht schnell selber herstellen. Trotzdem ist es sinnvoll, den Schaum zuerst an einer unauffälligen Stelle des Sofas auszuprobieren. Bei extrem empfindlichen Stoffen kann es sogar bei dieser sanften Methode zu Verfärbungen kommen.

ZUTATEN:
50 ml biologisches Geschirrspülmittel
15 Tropfen ätherisches Lavendelöl

ZUBEREITUNG:
1. Geschirrspülmittel, Lavendelöl und 75 ml heißes Wasser mit einem Schneebesen kräftig schlagen, bis Schaum entsteht.

ANWENDUNG:
Schaum mit einem feuchten Schwamm auf verschmutzte Polstermöbel geben. Flecken großräumig bearbeiten. Mit einem Tuch kräftig reiben, dann den Reiniger wieder abwischen und trocknen lassen.

# PFLEGE FÜR DUNKLES GLATTLEDER

Dieses Mittel ist sehr schnell hergestellt – und deswegen sollte man lieber immer nur kleine Mengen mischen. Leinöl kann ranzig werden und verliert dann seinen guten Geruch.

**ZUTATEN:**
100 ml Haushaltsessig
100 ml Leinöl

**ZUBEREITUNG:**
1. Öl erhitzen und etwas abkühlen lassen.
2. Haushaltsessig untermischen.

**ANWENDUNG:**
Die Mischung mit einem Tuch auf das Sofa auftragen – so bleibt das Leder geschmeidig.

Leinöl besser in kleinen Mengen kaufen – es wird schnell ranzig

# REINIGER FÜR RAULEDER

Rau- oder Wildleder ist herrlich weich und natürlich. Leider werden die oft benutzten Stellen gerne speckig und unansehnlich. Mit etwas Kernseife lässt sich das ursprüngliche Aussehen (fast) wiederherstellen.

**ZUTATEN:**
50 g Kernseife

**ZUBEREITUNG:**
1. Kernseife raspeln und in 1 l warmem Wasser auflösen.

**ANWENDUNG:**
Vorsichtig mit einem weichen Schwamm oder einem Lappen auf verschmutzte Stellen auftupfen. Trocknen lassen und dann mit einer trockenen Bürste vorsichtig wieder aufrauen.

# HOLZREINIGUNGSSPRAY

Die schönen Holzmöbel können den einen oder anderen Fleck abbekommen – gerade bei Esstischen lässt sich das nicht vermeiden. Nach der Reinigung sollte man am besten regelmäßig die im Anschluss aufgeführte Holzpolitur verwenden.

**ZUTATEN:**
1 Grapefruit
20 g Natron
10 Tropfen ätherisches Öl (z. B. Orange, Zitrone, Grapefruit)

**ZUBEREITUNG:**

1. Grapefruit auspressen. Den Saft mit dem Natron, dem ätherischen Öl und 200 ml Wasser verrühren.
2. Wenn die Mischung nicht mehr schäumt, in eine Sprühflasche füllen.

**ANWENDUNG:**

Vor Gebrauch schütteln und auf die verschmutzte Holzfläche geben. Mit einem feuchten Tuch sanft sauber reiben, dann mit Wasser nachwischen und trocken reiben.

# HOLZPOLITUR

**ZUTATEN:**

200 ml Olivenöl
100 ml Haushaltsessig

**ZUBEREITUNG:**

1. Öl und Essig mischen und in eine Sprühflasche geben.

**ANWENDUNG:**

Aufsprühen, 1 bis 2 Minuten einwirken lassen und mit einem weichen Tuch nachpolieren.

# MATRATZEN REINIGEN

Kaum ist das Bettlaken entfernt, wird es peinlich: Die meisten Matratzen sind übersät mit mehr oder weniger appetitlichen Flecken. Vielleicht wäre eine Reinigung mal wieder angesagt? Dann muss das neue Laken auch nicht immer in Rekordgeschwindigkeit aufgezogen werden.

**ZUTATEN:**
200 g Natron

**ANWENDUNG:**
Das Natron großflächig auf der Matratze verteilen. Mit einem feuchten Tuch gründlich einarbeiten. Trocknen lassen, dann mit dem Staubsauger absaugen. Hartnäckige Flecken wie Blut oder Urin lassen sich mit einer Natronpaste behandeln: Dafür 3 EL Natron und 2 EL Wasser vermischen und mit einem Schwamm auf den Fleck auftragen. Mit der rauen Seite des Schwamms kräftig einarbeiten. Danach trocknen lassen und die Pastenrückstände (und hoffentlich den Fleck) mit dem Staubsauger entfernen.

## 1.4 FENSTER UND GARDINEN REINIGEN

Sie sind die Augen eines Hauses – und sie blicken gerne trübe in die Gegend: Fenster. Wichtigste Regel ist hier der Blick in den Himmel. Wenn die Sonne scheint, dann trocknen die frisch geputzten Fenster zu schnell und es entstehen Schlieren. Auch am Ende eines heißen Tages haben die Fenster noch Hitze gespeichert – der Effekt ist also derselbe. Warten Sie mit dem Fensterputzen also auf einen bedeckten Tag oder wählen Sie die frühen Morgenstunden im Sommer – dann fällt die Arbeit ohnehin viel leichter als in der Mittagshitze.

Ein Streitfall ist das Tuch zum Trockenreiben der Fenster: Fenstertuch? Alte Zeitung? Fensterleder? Die einfache Antwort: Nehmen Sie das, was Sie am liebsten in der Hand haben. Oder das, was Sie gewöhnt sind. Das Wichtigste ist: Das Tuch muss absolut fusselfrei sein und darf keine Streifen hinterlassen, wenn es feucht wird.

# FENSTERREINIGER

Sehr viel einfacher (und günstiger) geht es nicht: Bei diesem und dem darauffolgenden Reiniger sind jeweils nur zwei Zutaten im Spiel. Vom Ergebnis darf man trotzdem überrascht sein.

**ZUTATEN:**
250 ml Spiritus
30 ml Apfelessig (bei stark verschmutzten Fenstern etwas mehr)

**ZUBEREITUNG:**
1. 250 ml Wasser mit dem Spiritus und dem Essig in einer Sprühflasche vermischen.

Vielseitiger Helfer im Haushalt und für die Gesundheit: Apfelessig

**ANWENDUNG:**

Kräftig schütteln und auf die verschmutzte Fläche sprühen. Mit einem feuchten Lappen nachwischen, evtl. Vorgang wiederholen. Danach mit einem Fenstertuch oder Zeitungspapier trocken reiben.

## SCHWARZTEE-ZITRONE-FENSTERREINIGER

**ZUTATEN:**

500 ml schwarzer Tee
Zitrone

**ZUBEREITUNG:**

1. Tee aufbrühen, dann abkühlen lassen und mit dem Saft der Zitrone vermischen.

**ANWENDUNG:**

Mit einem Tuch oder einer Sprühflasche auf das Fenster geben und mit einem feuchten Lappen nachwischen. Danach mit einem Fenstertuch oder altem Zeitungspapier trocken reiben. Achtung: Schwarztee kann helle Rahmen verfärben. Bei hellen Holzrahmen nicht verwenden, bei weißen Plastikrahmen den Tee sofort wieder gründlich entfernen. Oder den nachfolgenden Reiniger für helle Lacktüren und Fensterrahmen verwenden.

## REPARATUR FÜR FENSTER UND GLÄSER

Da ist sie wieder: die Schlämmkreide. In diesem Fall kann sie sogar Kratzer in Glas unsichtbar machen – und wird dabei selber unsichtbar. Irgendwie magisch.

**ZUTATEN:**
Schlämmkreide

**ANWENDUNG:**
Aus der Schlämmkreide und Wasser eine feste Paste anrühren und auf den Kratzer im Fenster, Spiegel oder in Gläsern auftragen. Mit einem Lappen darüberreiben, dann mit Wasser abspülen – und der Kratzer ist »verschwunden«.

## REPARATURPASTE FÜR FENSTERKITT

**ZUTATEN:**
Schlämmkreide
Leinölfirnis

**ZUBEREITUNG:**
1. Aus den beiden Zutaten die benötigte Menge Kitt im Verhältnis 4:1 (also 80 Prozent Schlämmkreide) herstellen.

**ANWENDUNG:**
Den schadhaften Kitt großzügig entfernen. Den Holzrahmen mit dem Leinölfirnis streichen. Dann aus der Paste eine kleine Wurst bilden und in den Spalt drücken (evtl. mit einem Kittmesser). Überflüssigen Kitt entfernen.

## TIPPS ZUM GARDINENWASCHEN

Feine Stoffe mit Spitze oder Fransen gehören in einen Wäschebeutel, bevor sie gewaschen werden. Zudem sollte man auf den Schleudergang verzichten (oder einen schonenden Schleudergang mit wenigen Umdrehungen wählen).

Am besten die Vorhänge nass aufhängen und den Raum gut lüften – wenn sie noch tropfen, ein Handtuch unterlegen, um den Boden zu schonen. Haben weiße Gardinen einen kräftigen Grau- oder Gelbschleier, so kann es helfen, sie mit einem Säckchen Eierschalen (auch braune) zu waschen. Der Kalk sorgt dafür, dass die Wäsche weiß wird. In hartnäckigen Fällen 5 EL Zitronensaft und 1 EL Natron in das Hauptwaschfach der Waschmaschine geben.

# 2 WÄSCHE: SAUBER, WEICH UND WOHLRIECHEND

Das Ziel ist ganz einfach: Nach einer Wäsche sollen alle Kleidungsstücke wieder in ihrer ursprünglichen Farbe erstrahlen und idealerweise auch noch gut riechen. Dabei ist die Sache mit dem Geruch eigentlich merkwürdig: Ganz saubere Wäsche riecht nach – nichts. Doch der jahrelange Gebrauch der industriellen Waschmittel hat uns darauf geeicht, dass frisch gewaschene Wäsche »frühlingsfrisch« oder »sommerwiesig« zu riechen hat. Wenn man sich diese Tatsache klarmacht, dann ist schon viel gewonnen. Es kann aber auch reichen, ein paar Tropfen ätherisches Öl nach ganz persönlicher Vorliebe in die selbst gemischten Wasch-

Mit ätherischen Ölen von Kräutern wie Rosmarin & Co. im Waschmittel duftet die Wäsche wie eine Kräuterwiese

HAUSHALT

mittel zu geben. Dann riecht es zwar immer noch nicht nach der synthetischen Frühlingswiese des gekauften Waschpulvers, dafür jedoch ganz wunderbar nach Zitrone, Orange, Rose oder Lavendel. Was nicht selten sogar bedeutet, dass Kleidermotten den frisch gewaschenen Pullover meiden.

## WASCHPULVER

Wer möchte, kann natürlich auch auf das ätherische Öl verzichten – es hat keinerlei Nutzen beim eigentlichen Waschen, sondern sorgt lediglich für den feinen Geruch.

**ZUTATEN:**
250 g Kernseife
20 g Waschsoda
40 g Natron
40 Tropfen ätherisches Zitrusöl (Orange oder Zitrone)

**ZUBEREITUNG:**
1. Die Kernseife fein reiben.
2. Waschsoda und Natron in einer Schüssel vermischen (dafür Gummihandschuhe anziehen).
3. Ätherisches Öl und Seifenspäne dazugeben. In einen luftdichten Behälter füllen.

**ANWENDUNG:**
Je nach Wasserhärte etwa 70 g der Mischung in das Hauptwaschfach der Waschmaschine geben. Achtung: Dieses Waschmittel eignet sich nicht für Seide oder tierische Fasern wie Wolle.

# ROSSKASTANIEN-FLÜSSIGWASCHMITTEL

Saponine finden sich im Efeu, in Rosskastanien, Birken, Thymian, Gänseblümchen, Seifenkraut und vielen anderen Pflanzen. Abgesehen davon, dass die Saponine als Waschmittel eingesetzt werden können, haben sie auch eine antibakterielle und fungizide Wirkung. In diesem Rezept geht es allerdings nur um die seifige Wirkung der Saponine.

**ZUTATEN:**
8–10 Rosskastanien

**ZUBEREITUNG:**
1. Rosskastanien vierteln oder achteln (je nach Größe). Mit 300 ml Wasser in ein großes, verschließbares Glas geben und 8 Stunden (oder über Nacht) stehen lassen. So lösen sich die in den Rosskastanien enthaltenen Saponine.
2. Abseihen und entweder sofort verwenden oder in eine Flasche füllen.

**ANWENDUNG:**
Das komplette Waschmittel in das Hauptwaschfach der Waschmaschine geben und normal waschen. Leider wird das Waschmittel sehr schnell schlecht, sollte also immer frisch zubereitet werden.

# HALTBARES FLÜSSIGWASCHMITTEL

**ZUTATEN:**

40 g Kernseife

30 g Waschsoda

20 Tropfen ätherisches Öl (nach Vorliebe, z. B. Lavendel, Orange, Zitrone)

**ZUBEREITUNG:**

1. Die Kernseife fein reiben und in einem Topf mit 1 l Wasser aufkochen. Vom Herd nehmen. Mit einem Schneebesen kräftig verrühren. Das Waschsoda zugeben und erneut verrühren, dann 1 Stunde stehen lassen.
2. 500 ml Wasser zugeben, erneut aufkochen und verrühren.
3. 6 Stunden oder über Nacht stehen lassen. Dann wieder 500 ml Wasser zugeben, noch einmal aufkochen und verrühren.
4. Nach dem Abkühlen das ätherische Öl zugeben und mit dem Schneebesen gut verrühren. In eine oder mehrere Flaschen abfüllen.

**ANWENDUNG:**

Vor jedem Gebrauch die Flasche mit dem Waschmittel schütteln. Je nach Härtegrad des Wassers 100–200 ml des Waschmittels in das Hauptwaschfach der Waschmaschine geben. Bei weißer Wäsche evtl. noch 1 TL Natron zugeben. Nach der Wäsche den im Folgenden beschriebenen Weichspüler verwenden (auf schwarzen Kleidungsstücken können sonst durch die Kernseife weiße Rückstände zurückbleiben). Achtung: Dieses Waschmittel eignet sich nicht für Seide und tierische Fasern wie Wolle – Soda lässt die Fasern aufquellen. Für diese Kleidungsstücke bitte das Feinwaschmittel verwenden.

# WEICHSPÜLER

**ZUTATEN:**

100 ml Essigessenz
70 g Milchpulver
10 Tropfen ätherisches Öl (nach persönlicher Vorliebe, z. B. Lavendel, Minze, Orange, Zitrone, Bergamotte)

**ZUBEREITUNG:**

1. Essigessenz in 1 l kaltes Wasser rühren. Milchpulver und ätherisches Öl zugeben und umrühren.
2. In eine Glasflasche füllen.

**ANWENDUNG:**

Vor dem Gebrauch schütteln und etwa 50 ml (je nach Härtegrad des Wassers) in das Weichspülerfach der Waschmaschine geben. Statt der Essigessenz lässt sich auch die gleiche Menge flüssige Zitronensäure verwenden.

# FEINWASCHMITTEL FÜR WOLLE UND SEIDE

Dieses Waschmittel eignet sich auch für tierische Fasern wie Seide oder Wolle, weil es kein Soda enthält. Soda lässt tierische Fasern aufquellen und verfilzen – und hat damit bei diesen Stoffen nichts verloren. Kernseife und Brennspiritus sind dagegen ohne Probleme bei der Wäsche einsetzbar.

**ZUTATEN:**

100 g Kernseife
200 ml Brennspiritus
25 Tropfen ätherisches Öl (nach Vorliebe, z. B. Lavendel, Zitrone, Grapefruit)

**ZUBEREITUNG:**

1. Kernseife mit einer Küchenreibe fein raspeln und mit 500 ml Wasser in einem Topf erhitzen. Vom Herd nehmen, mit einem Schneebesen kräftig verrühren.
2. Erneut aufkochen, noch einmal verrühren. Etwas abkühlen lassen, dann den Brennspiritus und das ätherische Öl dazugeben und gut verrühren. In eine oder mehrere Flaschen abfüllen.

**ANWENDUNG:**

Vor jeder Anwendung die Flasche schütteln. 50–100 ml in das Hauptwaschfach der Waschmaschine geben und normal waschen.

# FLECKENSTIFT

**ZUTATEN:**

50 g Kernseife
30 g Gallseife
30 g Waschsoda
40 ml weißer Haushaltsessig

**ZUBEREITUNG:**

1. Kern- und Gallseife mit einer Küchenreibe fein reiben. Mit den anderen Zutaten und 100 ml Wasser in einen Topf geben und erwärmen.
2. Kräftig rühren, bis eine homogene, etwas schleimige Masse entstanden ist.
3. Die Masse löffelweise in die leere Hülse eines Deo- oder Fettstifts geben (Boden vorher ganz herunterdrehen, vor Gebrauch heiß ausspülen). Masse über Nacht fest werden lassen.

Wer seine Wäsche in die Sonne hängt, nutzt ihre Kraft zum Bleichen. Bei bunter Wäsche ist deswegen Vorsicht geboten

**ANWENDUNG:**

Mit dem Stift vor der normalen Wäsche über stark verschmutzte Stellen und Flecken reiben, dann das Wäschestück ganz normal mitwaschen. Der handliche Fleckenstift kann auch mit auf Reisen für die Handwäsche.

# FLECKENREINIGER FÜR BLUT, ROTWEIN & CO.

Bei allen Flecken, egal ob es sich um Blut, Wein, Ketchup oder Haarfärbemittel handelt, gilt: Schnell reagieren. Den Fleck großzügig mit weißem Haushaltsessig beträufeln und das Wäschestück danach sofort waschen (per Hand oder in der Waschmaschine).

## SCHWEIßFLECKEN AUF WEIßEN T-SHIRTS

Bei hartnäckigen gelben Flecken unter den Achseln von weißen Blusen oder T-Shirts (die meist von Deo oder Sonnencreme stammen): 10–20 g Zitronensäure in 1 l Wasser auflösen und das Kleidungsstück mindestens 4 Stunden einweichen lassen, danach in der normalen Wäsche mitwaschen. In sehr hartnäckigen Fällen kann eine zweite Behandlung notwendig sein.

## BEEREN UND OBST

Helle Kleidungsstücke mit einer Paste aus Weinsteinpulver und heißem Wasser einreiben. Einige Stunde einwirken lassen, danach wie gewohnt auswaschen. Diese Paste verursacht leider Flecken auf dunkler Kleidung – deswegen diese Textilien am besten mehrere Stunden in Milch einweichen oder kochen und anschließend waschen.

## ROTWEIN

Wenn das Unglück auf einer Party passiert, dann ist wahrscheinlich am schnellsten Weißwein zur Hand: Den Rotwein mit Weißwein auswaschen – und bei Bedarf zu Hause mit einer Paste aus Wasser und Natron bestreichen. Wenn verfügbar, dann hat sich das ungesalzene Kochwasser von

Kartoffeln bewährt (das Wäschestück in dem Wasser einweichen) – aber wer hebt das schon auf?

## TINTE/KUGELSCHREIBER

Fleck mit Glyzerin betupfen, dann eine Paste aus Zitronensaft und Natron auftragen. Bei heller Wäsche lieber über Nacht in Buttermilch einlegen – die Paste könnte Flecken verursachen.

## GRAS

Mit kaltem Wasser befeuchten. Paste aus Weinsteinpulver und Wasser auf den Fleck geben und einwirken lassen, dann mit einer Mischung aus Glyzerin und Geschirrspülmittel behandeln. Anschließend auswaschen.

## SCHOKOLADE

Hier hilft Glyzerin: Auf den Fleck geben, einige Stunden einwirken lassen und dann ausspülen.

## WACHS

Die Ruhe bewahren und das Wachs aushärten lassen. Dann mit einem Messer die gröbsten Verunreinigungen entfernen. Löschpapier auf den Fleck legen und mit einem Bügeleisen so oft über den Fleck gehen, bis er komplett vom Löschpapier aufgesaugt ist.

## KAUGUMMI

Stoffstück in die Tiefkühltruhe legen oder mit einem Eiswürfel abreiben, bis er hart geworden ist. Dann vorsichtig lösen. Wenn noch Rückstände vorhanden sind, lassen sie sich mit etwas Essigessenz entfernen.

## FETT

Den Fleck mit Maisstärke bestreuen, leicht eintupfen und nach 20 Minuten abbürsten. Danach etwas Geschirrspülmittel auf den Fleck geben und auswaschen.

## BLUT

Den frischen Fleck mit kaltem Wasser auswaschen – auf keinen Fall warmes oder gar heißes Wasser verwenden, das sorgt nur dafür, dass der Blutfleck sich verfestigt. Anschließend eine Aspirintablette in etwas Wasser auflösen und den Fleck damit behandeln – oder das Wäschestück 30 Minuten in Salzwasser einlegen. Danach normal waschen.

Wenn der Fleck bereits angetrocknet ist, dann sollte man ihn ebenfalls in Salzwasser einweichen. Anschließend etwas Backpulver auf den Fleck geben und etwa 2 Stunden einweichen lassen.

## FRISCHESPRAY

Wer den künstlichen Geruch des »Wunderbaums« im Auto nicht erträgt, der ist mit diesem Spray bestens bedient. Das Beste daran: Der Duft lässt sich nach eigenen Vorlieben gestalten. Wer also beispielsweise Sandelholz und Zimt mag – der kann sich auch diesen Duft mischen.

ZUTATEN:
100 ml Alkohol (mindestens 40 Prozent)
15 g Natron
20 Tropfen ätherisches Öl (nach Vorliebe, z. B. Lavendel, Zitrone, Teebaum)

**ZUBEREITUNG:**

1. Die Zutaten mit 500 ml destilliertem Wasser in eine Sprühflasche geben. Kräftig schütteln.

**ANWENDUNG:**

Vor jedem Gebrauch schütteln und auf übel riechende Kleidung, Polstermöbel, Autositze oder Ähnliches geben.

## GERUCHENTFERNER

Wenn Kleidung hartnäckig nach Schweiß oder Schlimmerem riecht, kann es helfen, wenn diese mit Soda oder Natron eingeweicht wird. 10 g Soda oder 10 g Natron in 5 l kaltes Wasser geben und verrühren. Das stinkende Kleidungsstück hineingeben und über Nacht (Soda) oder 1 Stunde (Natron) darin einweichen. Danach normal waschen.

## WASCHMASCHINENREINIGUNG

Auch die Waschmaschine sollte regelmäßig gereinigt werden. Dafür das Flusensieb ausleeren, dann 500 ml Essigessenz in das Hauptwaschfach der Waschmaschine geben und die Maschine auf 90 °C ohne Wäsche laufen lassen (etwa alle 6 Monate). Alternativ kann man auch 75 g Zitronensäure mit 500 ml Wasser auflösen und in die Waschmaschine geben.

# 3 UNGEBETENE GÄSTE
## – UND WIE MAN SIE LOSWIRD

Sie sind lästig, eklig und gefährden im schlimmsten Fall sogar die Gesundheit: Wenn lästige Krabbler in der Wohnung oder im Haus auftauchen, dann muss man aktiv werden – sie werden ganz sicher nicht von alleine wieder verschwinden. Mit natürlichen Maßnahmen kann man die Untermieter wieder loswerden und muss nicht auf Chemie zurückgreifen.

Lavendel und Zitrone meiden die meisten Krabbeltiere – und mit Honig lassen sich wirksame Klebefallen herstellen

# SILBERFISCHCHEN

Jeder kennt die kleinen Insekten, die ganz besonders Feuchträume lieben. In fast jedem Bad oder jeder Toilette tauchen sie von Zeit zu Zeit auf. Tatsächlich sind Silberfischchen nicht nur harmlos, sondern sogar nützlich. Die lebenden Fossilien (es gibt sie seit Jahrmillionen auf der Erde) ernähren sich von Schimmelpilzen, Haaren, Hautschuppen und sogar Hausstaubmilben. Damit werden sie eigentlich zu natürlichen Freunden aller Allergiker. Wenn sich also hin und wieder eines der Tiere im Bad zeigt, kann man sie gelassen beobachten – und einfach ignorieren. Trotzdem sind sie immer ein Hinweis darauf, dass es in dem befallenen Raum zu feucht ist – also unbedingt kräftig und regelmäßig lüften, damit der Raum austrocknet. Wenn der Befall schlimmer wird, dann kann man die Silberfischchen mit Zitronen- oder Lavendelduft vertreiben. Dafür Wasser und Zitronensaft (oder ätherisches Lavendel- oder Zitronenöl) in eine Sprühflasche geben und den Raum damit einnebeln. Eine weitere Möglichkeit ist eine Kartoffelfalle. Dafür wird eine aufgeschnittene Kartoffel in eine offene Plastiktüte gelegt. Diese Falle bleibt über Nacht in dem befallenen Zimmer – am nächsten Morgen haben sich die meisten Silberfischchen an dem Leckerbissen versammelt und können gemeinsam mit der Tüte entsorgt werden. Das funktioniert auch mit einer Honigfalle: Honig auf einer Zeitung verstreichen und auslegen. Die Tierchen kleben am leckeren Honig fest und werden ebenfalls am nächsten Morgen gemeinsam mit der Falle entsorgt.

# LEBENSMITTELMOTTEN

Hier ist Vorbeugung der beste Schutz: Die Schränke und Schubladen regelmäßig mit Essigwasser auswischen, damit sich keine lockenden Reste in den Ecken sammeln. Getreide, Nüsse und Dörrobst sollten in luftdichten Behältern aufbewahrt werden: Gläser mit Schraubverschlüssen oder Plastikbehälter sorgen dafür, dass die Motten nicht an die begehrten Lebensmittel kommen. Zusätzlich lassen die Motten sich von dem Geruch nach Lavendel, Gewürznelken, Lorbeerblättern und Zimtstangen fernhalten. Die Gewürze kann man in kleine Stoffsäckchen packen und in den Vorratsschränken verteilen. Wenn sie ihren Duft verloren haben, die Gewürze austauschen.

Sollten sich die Mehl- oder Dörrobstmotten trotz aller Vorsichtsmaßnahmen breitgemacht haben, hilft nur eine radikale Kur: Alle befallenen Lebensmittel müssen weggeschmissen werden. Verpacken Sie die Vorräte in einer zugeknoteten Plastiktüte – sonst fliegen die Motten wieder zurück in die Küche. Wer Plastikmüll vermeiden will, kann die dicht verschlossene Tüte auch in die Tiefkühltruhe stecken. Nach 24 Stunden sind die Motten sicher tot und können mitsamt den verunreinigten Lebensmitteln in den Biomüll. Am besten die Schränke komplett leer räumen und wirklich alle Lebensmittel begutachten – besonders gefährdet sind Biolebensmittel in Papiertüten. Anschließend alle Ritzen und Ecken mit einem Staubsauger aussaugen, hier verbergen sich die Motten, Larven und Gespinste. Auch den Staubsaugerbeutel in eine Plastiktüte packen, diese fest verknoten und entsorgen (oder in die Tiefkühltruhe). Anschließend die Schränke mit Essigwasser auswischen. Dafür 100 ml Essigessenz mit 1 l Wasser vermischen. Danach die vorher angesprochenen Gewürze verteilen. Man kann natürlich auch die ätherischen Öle von Zimt, Nelke, Lavendel, Teebaum auf ein Stück Holz träufeln und dieses in die Schränke legen.

Leider sind Lebensmittelmotten recht hartnäckig. Sie können also wiederauftauchen. Zuverlässig bekämpfen lassen sie sich mit Schlupfwespen: Die Larven werden im Internet auf Kärtchen angeboten und schlüpfen nach wenigen Tagen. Die winzigen Tiere bleiben nur so lange in der Wohnung, bis sie das letzte Mottenei angestochen (und damit getötet) haben. Praktischerweise sind sie so winzig, dass man sie auch kaum sieht – und sie ihre Arbeit fast unsichtbar erledigen. Nachteil: Sie sind nicht ganz billig ...

## KLEIDERMOTTEN

Die Larven von Kleidermotten ernähren sich von Keratin, also Pelz, Leder, Wolle und Federn. Wenn sie sich einmal in einem Schrank eingenistet haben, dann sollte man die-

Neben dem Lavendel helfen auch getrocknete Blüten des Rainfarns gegen Motten

sen komplett leer räumen, aussaugen und mit Essigwasser sorgfältig auswischen. Die Wäsche sollte gewaschen werden – oder wenigstens für eine Nacht in die Tiefkühltruhe, um die Larven zuverlässig zu töten. Pullover mit Löchern können immer noch einem neuen Zweck zugeführt werden: Aus den Ärmeln lassen sich schnell Armstulpen herstellen, aus den größeren Teilen kann man ein Kissen oder den Bezug für eine Wärmflasche nähen.

Um den Befall mit Kleidermotten zu verhindern, sollte man Duftsäckchen mit Lavendelblüten, Zedernholz oder Mottenpapier aus der Drogerie in die Schränke und Aufbewahrungskisten legen. Diesen Geruch mögen die Tiere nicht und meiden ihn.

## FRUCHTFLIEGEN

Wenn das Obst reif ist, dann sind sie in jedem Haushalt zu finden. Jeder Griff in die Obstschale sorgt dafür, dass sie auffliegen und um das süße Obst kreisen. Zum Glück lassen sich sehr einfach Fallen für diese lästigen Tiere aufstellen. Dafür eine Untertasse mit ein wenig Essig, Wein, Bier oder Obstsaft füllen und einen Spritzer Spülmittel dazugeben und verrühren. Die Fruchtfliegen ertrinken in der Mischung. Wenn in einer Wein- oder Sektflasche noch ein Restchen ist: Einfach die offene Flasche neben die Obstschale stellen, sie wirkt ebenfalls wie eine Falle. Auch eine Essiggurkenfalle wirkt Wunder: Die Essiggurken essen – und das Glas mit dem Sud wieder verschließen. In den Deckel kleine Löcher bohren. Die Fruchtfliegen finden den Weg hinein – aber nicht mehr hinaus.

Mit Nelken gespickte Zitronen sollen ebenfalls die Fruchtfliegen fernhalten – aber dieser Ratschlag hat sich in der Praxis nicht bewährt.

# AMEISEN

Wenn im Sommer die süßen Krümel vom Sonntagskuchen auf der Terrasse landen, dann dauert es meist nicht lange, bis die Ameisen dort eine Straße bauen. Und wenn der Kuchen ein bisschen länger auf dem Tisch steht, dann krabbeln die Tiere nicht selten auch auf den Tisch. Zuckerdosen sind ähnlich beliebt und haben an manchem Morgen schon für Überraschungen gesorgt, wenn statt Zucker eine Dose voller Ameisen in der Küche steht.

Eine Ameisenstraße lässt sich leicht unterbrechen: Ein dicker Strich Kreide ist für die Tiere schier unüberwindlich – sie meiden die alkalische Wirkung. Ein paar Lavendel- oder Wacholderzweige haben die gleiche Wirkung. Noch wirksamer ist der Einsatz von Essig. Dafür 50 ml Essigessenz und 200 ml Wasser in einer Sprühflasche vermischen und die Ameisenstraße kräftig einnebeln. Die Ameisen verlieren die Orientierung, die Ameisenstraße löst sich auf. Die Anwendung muss allerdings häufiger wiederholt werden, der Geruch nach Essig verfliegt recht schnell.

Wenn Sie nur Ihren Tisch auf der Terrasse ameisenfrei halten wollen, reicht es, die Tischbeine in mit Wasser gefüllte Becher oder Einmachgläser zu stellen. Ameisen können nicht schwimmen und kommen dann auch nicht auf den Tisch.

Endgültig lassen sich die Ameisen mit Natron beseitigen. Dafür Natron mit Puderzucker im Verhältnis 1:1 mischen und auf die Ameisenstraße geben. Mit dem Zucker essen die Ameisen das todbringende Natron und bringen es auch in ihren Bau, wo die Ameisen dann sterben.

# BETTWANZEN

Eigentlich waren Bettwanzen in Deutschland fast ausgestorben: Häufiges Waschen der Bettwäsche und allgemeine Hygiene haben ihnen den Garaus gemacht. Was allerdings immer wieder passiert: Sie kommen aus dem Urlaub in fernen Ländern als ungebetene Souvenirs mit. Wenn man dann seinen Koffer womöglich auf das Bett legt und auspackt, dann findet man ein paar Nächte später plötzlich die charakteristischen »Wanzenstraßen« auf der Haut. Das sind mehrere rote Punkte hintereinander – Stiche, die die Wanze auf der Suche nach einer Ader gemacht hat.

Zwar mögen Wanzen keinen Lavendel – der Geruch hält sie aber leider nicht vom Stechen ab. Es kann jedoch helfen, ein Lavendelsäckchen im Koffer zu haben, damit man die Tiere gar nicht erst mit nach Hause bringt.

Das Einzige, was wirklich hilft, ist Hitze: Die Insekten und ihre Eier sterben schon ab 55 °C ab. Heißer Dampf, mit dem man Matratze, Kissen und Decken bearbeitet, hat sich bewährt (dafür einen Dampfreiniger verwenden). Auch in einem Trockner lassen sich diese Temperaturen erreichen. Im Hochsommer kann man Decke, Kissen und Matratzen auch in die pralle Sonne legen. Wenn gar nichts hilft, dann heizt ein Kammerjäger ein Zimmer auf 60 °C auf – für diese »Wärmeentwesung« werden spezielle Öfen aufgebaut.

# MÄUSE & RATTEN

Wenn die Nagetiere im Haus auftauchen, dann liegt das häufig daran, dass Essensreste offen herumliegen: Das kann ein schlecht verschlossener Mülleimer oder auch ein Komposthaufen in der Nähe der Haustür sein. Wer eine Katze sein Eigen nennt, hat damit die beste Waffe gegen Mäuse schon im Haus – leider bringt gerade diese »Waffe« die Mäuse nicht selten erst ins Wohnzimmer: Sie möchte noch ein bisschen mit der Beute spielen oder ihrem Besitzer stolz zeigen, was sie gefangen hat. So oder so: Die Nager sollen wieder raus aus dem Haus!

Mit Lebendfallen (in Baumärkten) lassen sie sich leicht fangen und dann möglichst weit entfernt aussetzen. Was sich in der Wohnung als schnelle, selbst gebastelte Lebendfalle bewährt hat: eine leere Posterrolle. Diese an einem Ende verschließen (mit dem Deckel oder ausreichend Klebeband) und der Maus unter dem Schrank »anbieten«. Nicht selten nehmen die Tiere das vermeintliche Mauseloch gerne an. Wenn sie hineinlaufen, einfach senkrecht stellen und die Maus nach draußen tragen.

Ihre Rückkehr wird durch das bessere Wegräumen von Essensresten und kleine Beutel mit (gebrauchtem!) Katzenstreu in der Nähe der Hauseingänge verhindert.

Wer ein weniger weiches Herz hat, kann es auch mit der gängigen Mäusefalle versuchen.

## FLIEGEN

Sie ist nicht schädlich, sondern nur lästig: die ganz normale Fliege. Um sie einzufangen, kann man eine Fliegenfalle selber herstellen: Backpapier von der Rolle in Streifen schneiden – so, dass es sich anschließend spiralförmig windet. Mit Ahornsirup, Honig oder einem anderen klebrigen Lockstoff bestreichen, an einem Ende ein Loch in den Streifen stanzen und aufhängen. Die Fliegen landen – und bleiben kleben.

Um zu vermeiden, dass Fliegen überhaupt erst in das Haus oder die Wohnung kommen, hilft ein Fliegengitter – oder eine »Duftbarriere«: Wenn auf Balkon oder Terrasse viel Lavendel, Basilikum oder Tomaten angebaut werden, dann wirken sie wie eine Barriere vor dem Fenster – Fliegen mögen den Geruch nicht.

Den Geruch von Essensresten lieben Fliegen dagegen sehr – deswegen gilt vor allem im Sommer: Obstschalen und kalte Sahnesoßen nicht in der Küche stehen lassen, sondern entsorgen und abspülen. Biomüll regelmäßig entleeren.

## BÜCHERWÜRMER

Meistens findet der Befall unbemerkt statt – und der Schaden ist schon geschehen, wenn man ihn entdeckt. Werden die Schädlinge allerdings rechtzeitig bemerkt, dann sollten die Bücher, um sie vor Feuchtigkeit zu schützen, in einen Plastikbeutel – und dann für mindestens 5 Tage in eine Tiefkühltruhe. Das Regal sollte man in der Zwischenzeit gründlich absaugen und mit einem Föhn erhitzen. Schwer zu erreichende Ecken kann man mit Kieselgur bestäuben.

## HAUSMILBEN

Mit bloßem Auge nicht zu sehen – aber sie sind überall, vor allem in Bettdecken, Kissen und Matratzen. Gänzlich los wird man sie nicht – aber mit einem Spray lässt sich die Verbreitung ein wenig eindämmen. Dafür 200 ml destilliertes Wasser mit 200 ml Alkohol (mind. 50 Prozent) vermischen und 30 Tropfen Teebaum- oder Neemöl zugeben. In eine Sprayflasche geben, kräftig schütteln und damit Orte einsprühen, an denen Milben sich sammeln.

Da Hausmilben ein feuchtes Klima lieben, ist es sinnvoll, Kissen und Bettdecken regelmäßig auszuschütteln und zum Lüften auf Balkon oder Terrasse zu legen. Die Feuchtigkeit sollte nicht durch Tagesdecken oder Bettkästen in der Bettdecke gehalten werden – das sorgt nur für eine explosionsartige Vermehrung der Tierchen, die übrigens nicht schädlich sind, aber Allergien auslösen können.

## KÜCHENSCHABEN

Schaben werden auch Kakerlaken genannt – und sie sind häufig ein Hinweis darauf, dass verdorbene Lebensmittel zu lange nicht entsorgt werden. Sie können aber auch ein Mit-

bringsel aus dem Urlaub sein – oder Besuch aus der Nachbarwohnung. Meistens werden diese nachtaktiven Tiere zufällig entdeckt: Beim Einschalten des Lichts mitten in der Nacht krabbeln sie schnell in Deckung. Wenn sie am helllichten Tag herumlaufen, dann handelt es sich häufig um die harmlose Waldschabe, die von selbst wieder verschwindet (sie findet in Wohnungen nichts zu essen). Bei Kakerlakenbefall müssen alle alten Lebensmittel und der Biomüll entsorgt werden. Feuchte Stellen unter tropfenden Rohren oder Krümel in entlegenen Ecken sollten ebenfalls beseitigt werden. Dann eine fein gehackte Zwiebel mit ½ Tasse Mehl, etwas Bier und 3 TL Borpulver aus der Apotheke mischen und in den dunklen Ecken platzieren, an denen Küchenschaben sich gerne aufhalten. Aber Vorsicht: Die Mischung sollte außerhalb der Reichweite von Kindern oder Haustieren sein, sie ist giftig.

Vorbeugend kann man Lorbeerblätter verteilen – Kakerlaken meiden den Geruch.

## HOLZWURM

Bei Befall eines Möbelstücks durch diese Larven des Gemeinen Nagekäfers – zu erkennen an den kleinen Löchern im Holz – hat es sich bewährt, viele Eicheln in der Nähe des Möbelstücks zu verstreuen. Die Larven werden durch den Duft angelockt und ziehen in die Eichel um. Danach kann man die Eicheln mitsamt ihren neuen Bewohnern entsorgen.

# 4

## DIE VERTREIBUNG
## VON LÄSTIGEN GERÜCHEN

Der Geruchssinn ist am stärksten mit unseren Gefühlen und tiefsten Empfindungen gekoppelt. Ein guter Geruch sorgt dafür, dass wir uns wohlfühlen und gut gelaunt durch den Tag gehen. Schlechte Gerüche rufen dagegen Widerwillen, Ekel oder Übelkeit hervor. Leider lässt es sich auch in penibel geputzten Haushalten nur schwer vermeiden, dass sich immer wieder unangenehme Gerüche breitmachen. Dann müffelt es nach Schimmel, Verwesung oder schlicht nach Keller – und man fühlt sich nicht mehr wohl in seinen eigenen vier Wänden. Zum Glück wirken auch hier Natron, Essig und einige andere Hausmittel.

Kaffee neutralisiert fast alle Gerüche. Sogar beim Ausprobieren von Parfums sollte man zwischendurch an den Bohnen riechen – das »erfrischt« die Nase

## ALTE POLSTERMÖBEL

Gerade die samtige Oberfläche von Polstermöbeln scheint Muff regelrecht anzuziehen. Das Gegenmittel ist wunderbar einfach: Natron auf dem Polster verteilen und am nächsten Tag absaugen. Wer noch weiter gehen möchte, der kann sich Rosenwasser aus der Apotheke oder der Drogerie besorgen. 750 ml Wasser mit 100 ml Rosenwasser in einer Flasche gut vermischen. Dann ein fuselfreies Tuch mit der Mischung tränken und die Couch in Faserrichtung abwischen. Nach dem Trocknen ist die Couch nicht nur sauber, sondern duftet auch nach Rosen.

## GERÜCHE IM RAUM

Wenn es in der Wohnung oder in einzelnen Räumen nicht gut riecht, dann hat sich eine Deko mit Kaffeebohnen bewährt: Dafür ein Einmachglas zur Hälfte mit Kaffeebohnen füllen, in der Mitte eine Kerze platzieren und anzünden. Die Bohnen verbreiten dann einen Geruch nach Kaffee – und sehen darüber hinaus hübsch aus.

Nach einem Raclette-Essen verschwindet der durchdringende Geruch nach Käse, wenn man im letzten Raclettepfännchen einige Kaffeebohnen röstet.

Nach der Zubereitung von Kohl- oder Fischgerichten kann es in der Küche recht intensiv riechen. Um das zu neutralisieren, 100 ml Essig und 200 ml Wasser in einem Topf auf dem Herd kochen lassen, bis die Flüssigkeit fast vollständig verdampft ist. Es helfen auch angestoßene Wacholderbeeren, die in einer Pfanne ohne Fett geröstet werden. Bitte bei beiden Methoden nie Pfanne oder Topf auf dem Herd vergessen!

Generell sorgt ein einfacher Trick für guten Geruch im Zimmer nach dem Staubsaugen: Immer als Erstes ein wenig wohlriechendes Waschpulver einsaugen. Anschließend verbreitet der Staubsauger den frischen Duft im kompletten Zimmer.

Für einen guten Geruch sorgen zudem Vanillestangen, die man in einem luftdurchlässigen Beutel an die Gardinenstange hängt. Vor Weihnachten verströmen mit Nelken gespickte Orangen einen angenehmen Duft.

## MUFFIGER KÜHLSCHRANK

Wenn der Kühlschrank unangenehm nach saurer Milch und altem Essen riecht, sollte natürlich zuerst alles entfernt werden, was für den Geruch verantwortlich sein könnte. Danach den gesamten Kühlschrank mit Essigwasser auswischen. Dafür 500 ml einfachen, weißen Tafelessig mit 250 ml Wasser mischen. Wenn der Geruch danach immer noch hartnäckig bestehen bleibt: Natron auf eine Untertasse geben und in den Kühlschrank stellen. Nach einiger Zeit auswechseln. Das gebrauchte Natron kann in den Abfluss, dort nimmt es ebenfalls Gerüche auf.

## STINKENDE SPÜLMASCHINE

Vor allem im Sommer erfordert das Öffnen der Spülmaschine ab und an Überwindung – dann kann es selbst nach der Geschirrwäsche beharrlich nach altem Essen riechen. In diesem Fall etwa 50 g Natron auf den Boden der Spülmaschine streuen und den Klarspülgang laufen lassen. Alternativ hilft auch Tafelessig: 500 ml in eine Schüssel geben und aufrecht in die Maschine stellen (ohne Geschirr). Dann das Reinigungsprogramm laufen lassen (ohne Vorspülen). Anschließend die restliche Lauge aus der Schüssel wegkippen – die Spülmaschine sollte nun wieder geruchsfrei sein.

## PUTZLUMPEN UND SCHWÄMME

Lumpen und Schwämme ziehen Bakterien an – sie stinken schon nach wenigen Tagen Benutzung. Deswegen sollten Schwämme regelmäßig ausgetauscht und Putzlumpen regelmäßig bei 60 °C gewaschen werden. Es hilft aber auch ein starkes Natronbad. Dafür 20 g Natron in 1 l Wasser auflösen und Schwämme und Putzlumpen hineingeben. Anschließend mit klarem Wasser nachspülen.

## MODRIGE WASCHMASCHINE

Wenn selbst frische Wäsche noch modrig und nach Keller riecht, dann kann das daran liegen, dass sie im Keller getrocknet wurde. Oder die Waschmaschine verbreitet einen unangenehmen Geruch. In diesem Fall hilft eine einfache Reinigung. Dafür 500 ml Essigessenz in die Maschine geben und im Kochprogramm laufen lassen (ohne Wäsche). Alternativ kann man auch 100 g reine Zitronensäure in ½ l Wasser auflösen, in die Trommel geben und ebenfalls das

Kochprogramm ohne Wäsche laufen lassen. Außerdem hilft es, wenn der Gummiring an der Tür regelmäßig mit einer Seifenlauge gereinigt wird. Die unbenutzte Maschine unbedingt immer offen stehen lassen, damit sie abtrocknen kann und kein Schimmel entsteht.

## MUFFIGER GERUCH IM KLEIDERSCHRANK

Bei unangenehmen Gerüchen in Kleiderschränken hilft ein ungewöhnliches Mittel: Den Schrank komplett leer räumen, mit Essigwasser auswischen, trocknen lassen und dann eine Schale mit heißer Milch in den Schrank stellen. Bei einem großen Schrank können es ruhig auch mehrere Schalen sein. Dann den Schrank schließen. Die Schale immer wieder austauschen (wenn sie abgekühlt ist), bis der Geruch verschwunden ist. Anschließend ein Baumwollsäckchen mit Lavendelblüten oder Orangenschalen in den Schrank hängen und die Wäsche wieder einräumen. Wenn die Wäsche den »alten« Geruch schon aufgenommen hat, sollte sie zuerst gewaschen werden.

Der Vorteil von Orangen- oder Lavendelduft: Er hält zusätzlich Kleidermotten und anderes Ungeziefer fern.

## FRISCHE KLEIDER

Bei besonders hartnäckigen Gerüchen, die auch nach der Wäsche noch in den Kleidern hängen, ist ein selbst gemachter Textilerfrischer sinnvoll: Dafür 400 ml lauwarmes Wasser mit 100 ml Alkohol (mind. 40 Prozent Alkohol) und 30 g Natron vermischen. In eine Sprühflasche geben und kräftig schütteln. Je nach persönlicher Vorliebe kann man auch 20 Tropfen ätherisches Öl dazugeben (z. B. Lavendel, Orange, Zitrone). Die Mischung auf die Wäsche sprühen, vorher immer gut schütteln.

## DUFTENDE HÄNDE

Fisch, Zwiebeln oder Knoblauch hinterlassen an den Händen einen hartnäckigen Geruch, der oft erst einen Tag später verschwindet und durch normale Seife einfach nicht weichen will. Hier hilft gebrauchtes Kaffeepulver aus dem Filter oder dem Vollautomaten. Die Hände kräftig damit einreiben und anschließend mit warmem Wasser abspülen. Bei Zwiebel- und Knoblauchgeruch hilft auch eine Edelstahlseife aus dem Haushaltswarengeschäft. Alternativ kann man seine Hände natürlich auch an der Edelstahlspüle reiben.

## ZIGARETTENGERUCH IM AUTO

Hartnäckiger Zigarettengeruch verschwindet, wenn man einen aufgeschnittenen Apfel ins Auto legt. Fenster und Türen verschließen und den Apfel über Nacht liegen lassen – der Obstgeruch vertreibt den Zigarettendampf fast vollständig. Der Aschenbecher muss natürlich davor ausgeleert und mit Essigwasser ausgewischt werden.

# 5 ALLESKÖNNER IM HAUSHALT:
## KAFFEE, ZITRONE, SALZ

Es gibt sie wirklich: Billig, wirksam und jederzeit zugänglich warten die echten Alleskönner nur darauf, dass wir sie einsetzen. Kaffee, Zitrone und Salz sind in Haushalt, Küche, Apotheke, Kosmetik und zum Teil auch im Garten wertvolle Helfer. Und deswegen kommen hier alle drei im Porträt.

Kaffeesatz unbedingt trocknen, aufbewahren und wiederverwenden

# KAFFEESATZ

Heiß, schwarz und belebend: Ein Frühstück ohne Kaffee ist für die meisten Menschen schlicht undenkbar. Schon allein der Geruch vertreibt die Müdigkeit und verbreitet eine behagliche, gute Stimmung. Und das Beste daran: Kaffeesatz ist unglaublich vielseitig, lange nachdem der letzte Schluck Kaffee getrunken wurde. Dabei ist es egal, ob er aus dem Kaffeefilter einer Filtermaschine oder aus dem Restebehälter eines Kaffeevollautomaten kommt. Wichtig ist nur, dass der Kaffee mit keinerlei Gewürzen oder anderen Zusatzstoffen versehen ist. Wer ihn sofort einsetzen möchte, kann einfach direkt den frischen, feuchten Kaffee nehmen. Will man den Kaffeesatz für eine spätere Verwendung sammeln, dann muss man ihn auf einem Backblech ausgebreitet einige Stunden trocknen lassen, bevor er dann in einem Einmachglas auf seinen Einsatz wartet. Kaffee lässt sich auf vielerlei Weise einsetzen:

## IM HAUSHALT

Eine der hervorragenden Eigenschaften von Kaffee ist seine Fähigkeit, Gerüche an sich zu binden. Egal ob im Kühlschrank, im Auto oder im Bad: Ein kleines Schälchen mit Kaffeesatz, das über Nacht aufgestellt wird, sorgt dafür, dass in der Früh die meisten Gerüche verschwunden sind. Ein Säckchen mit altem Kaffeesatz in einem schweißig muffelnden Turnschuh wirkt ebenfalls über Nacht Wunder. Hände, die nach Zwiebeln oder Knoblauch stinken, können einfach mit etwas Kaffeesatz abgerubbelt werden – und der Geruch ist verschwunden. Sogar beim Ausprobieren von Parfums lässt sich das braune Pulver einsetzen: Einmal zwischen zwei Parfumproben daran gerochen – und die Nase ist wieder aufnahmefähig. Warum das so ist, hat die Wissenschaft übrigens bis heute nicht geklärt.

Kaffeesatz wirkt aber auch wie Scheuermilch – und das völlig ohne Chemie. Hartnäckiger Schmutz auf Grillrosten, Pfannen, Töpfen oder Backblechen lässt sich mit dem feuchten Pulver ohne Probleme entfernen. Diese einfach anfeuchten, mit Kaffeesatz abreiben und wieder abwaschen.

Bei dunklen Möbeln, die Kratzer oder Verfärbungen aufweisen, können die Farbstoffe im Kaffee wahre Wunder vollbringen. Dafür den Kaffeesatz mit Leinöl vermengen und die betroffene Stelle damit großräumig einreiben (wer Flecken vermeiden will, kann auch die gesamte Oberfläche bearbeiten). Die Reste mit einem weichen Lappen oder einer Bürste entfernen. Bei Bedarf die Behandlung wiederholen.

Wer die Asche vom Vorabend aus dem Kamin entfernen möchte, erleichtert sich ebenfalls mit feuchtem Kaffeesatz die Arbeit: Den Kaffeesatz auf die Asche streuen und beides gemeinsam entfernen. So staubt die Asche weniger, und der Geruch wird gebunden.

## IM GARTEN

Kaffeesatz enthält Stickstoff, Schwefel und Phosphor und hat einen leicht sauren pH-Wert. Damit eignet er sich als Dünger für alle Pflanzen, die einen sauren Boden mögen – das sind z. B. Azaleen, Hortensien, Rhododendron und Blaubeeren.

Schnecken und Ameisen können den Geruch von Kaffee nicht leiden. Als Schutz der Beete kann man den Kaffeesatz großflächig aufstreuen – oder um bedrohte Pflanzen einen kleinen Wall aus Kaffeesatz legen. Wespen meiden den Geruch von verbranntem Kaffee. Dafür muss man den Kaffeesatz erst trocknen – und kann ihn dann in einem Pfännchen verbrennen.

Auf den Kompost kann Kaffeesatz fast unbegrenzt geschüttet werden: Er sorgt für Nährstoffe und eine feine Struktur.

## NATÜRLICHE KOSMETIK

Das braune Pulver ist ein wahres Wundermittel für schwaches Bindegewebe. Das enthaltene Koffein fördert Stoffwechsel und Durchblutung. Für ein schnelles Peeling den Kaffeesatz mit Oliven- oder Mandelöl vermengen. Es sollte eine weiche Paste entstehen. Mit dieser Mischung Beine, Po und Arme kräftig massieren, anschließend mit lauwarmem Wasser abspülen.

Bei dunklem Haar lässt sich mit Kaffeesatz das Haar kräftigen, der Haarwuchs anregen und auch die Farbe etwas auffrischen. Dafür 1 EL Kaffeesatz auf der Hand in das neutrale Shampoo mischen und damit die Haare waschen. Anschließend gründlich ausspülen. Wer möchte, kann auch nach der Wäsche einige Esslöffel Kaffeepulver in das feuchte Haar einmassieren und etwa 30 Minuten einwirken lassen. Danach ebenfalls gründlich auswaschen.

Wer 1 EL Kaffeesatz mit etwas Honig und Mandelöl vermischt, bekommt damit eine wirksame Augenmaske. Die Paste auf die geschlossenen Augen geben, mit einem feuchten, lauwarmen Wattepad abdecken und etwa 10 Minuten einwirken lassen. Danach gründlich abwaschen. Schwellungen verschwinden, das Gewebe wird gestrafft. Die gleiche Mischung lässt sich auch für das komplette Gesicht anwenden – dafür einfach die Menge verdoppeln.

# ZITRONE

Sauer und stark: Zitronen sind unentbehrliche Helfer für Haushalt, Küche und Gesundheit

Saftig, sauer und sonnengelb – Zitronen sind aus keinem Haushalt wegzudenken. Dabei schlummern in den gelben Kraftpaketen noch mehr Kräfte, als man ihnen auf den ersten Blick ansieht. Die beste Wahl sind immer Biozitronen. Die Früchte aus konventionellem Anbau sind meistens von einer wachsartigen Schicht umgeben und mit Pflanzenschutz- und Konservierungsmitteln behandelt. Und diese Stoffe kommen dann automatisch auch bei allen Anwendungen mit Zitronenschale in die Rezeptur, was man möglichst vermeiden sollte. Wenn nur der Saft verwendet wird, dann spielt das keine Rolle.

Mehr Saft lässt sich gewinnen, indem man die Zitrone vor dem Pressen mit etwas Druck hin und her rollt. Und die Schale lässt sich leichter abraspeln, wenn die Zitrone vorher im Tiefkühlfach war.

# IM HAUSHALT

Die in der Zitrone enthaltene Säure wirkt fantastisch gegen Kalk. Deswegen kann man Kalkflecken auf Duschvorhängen und an den Armaturen einfach mit ½ Zitrone wegreiben. Danach mit klarem Wasser nachspülen.

Wer auf den Weichspüler verzichten und gleichzeitig einen wunderbaren Duft für seine Wäsche erzielen möchte, der kann ½ Zitrone zur Wäsche in die Waschmaschine geben und mitwaschen. Um die Kerne nicht in der Wäsche zu verteilen, empfiehlt es sich, die Zitrone in ein Wäsche- oder Gazesäckchen zu geben.

In der Geschirrspülmaschine ersetzen die Schalen einer Zitrone den Klarspüler. Dafür die Schalen in den Besteckkorb geben und wie gewohnt waschen.

Wenn die Schalen getrocknet werden, dann eignen sie sich auch hervorragend als Anzünder für den Grill oder den Kamin. Wichtig ist es, dabei möglichst große Stücke zu nehmen. Angenehm ist dabei auch der Duft der verbrennenden ätherischen Öle.

Leider knabbern Katzen gerne an Zimmerpflanzen herum. Um das zu verhindern, reicht es meistens, wenn man den Saft einer Zitrone mit 200 ml Wasser in einer Sprühflasche mischt und die Pflanzen fein einnebelt. Danach sollten die Pflanzen allerdings nicht direktem Sonnenlicht ausgesetzt werden, das gibt sonst Flecken auf den Blättern.

½ Zitrone im Kühlschrank bindet Gerüche, sollte aber regelmäßig ausgewechselt werden. Für einen frischen Geruch im Zimmer sorgen Zitronenscheiben, die in einer flachen Schale auf die Heizung gestellt werden.

Holzbretter können mit einer Mischung aus Salz und Zitronensaft wieder frisch gemacht werden: Kräftig abreiben und dann mit Wasser abwaschen.

Auch Backofen und Mikrowelle lassen sich mithilfe von Zitronensaft reinigen. Dafür 1 l Wasser mit dem Saft von

2 Zitronen verrühren und in einer feuerfesten Schüssel in den Backofen stellen. Den Backofen für 60 Minuten auf 100 °C heizen. Danach lässt sich das Innere mühelos mit einem Lappen auswischen. Bei einer Mikrowelle reicht eine Tasse Wasser mit 2 EL Zitronensaft. Mischung zum Kochen bringen und dann 10 Minuten stehen lassen. Danach die Mikrowelle mit einem Lappen auswischen.

Rostflecken in Textilien verschwinden häufig, wenn man etwas Zitronensaft auf den Fleck gibt und einwirken lässt, bevor die Kleidung ganz normal in der Waschmaschine gewaschen wird. Bei dunklen Kleidungsstücken kann so aber leider auch ein heller Fleck entstehen.

Gartenmöbel haben nach dem Winter häufig eine Schmutzschicht aus Laub, Moos, Dreck, Vogelkot und Erde. Eine Zitronenpolitur hilft: Dafür den Saft von 3 Zitronen mit 150 ml Olivenöl und 1 l warmem Wasser mischen. Mit einem Lappen auf die Möbel aufbringen und polieren. Danach mit einem feuchten Tuch nachwischen, um den letzten Dreck noch zu entfernen.

## IN DER KÜCHE

Wenn Eischnee nicht fest werden will, helfen einige Spritzer Zitronensaft. Danach wie gewohnt weiterschlagen.

Viele mediterrane Rezepte erhalten durch ein wenig Zitronenschale erst den richtigen Pfiff. Einfach kurz vor dem Servieren von Ratatouille, Fischsuppe oder Spaghetti mit Pesto über das Gericht geben.

Mit einem Spritzer Zitronensaft im Reis wird er lockerer und weißer. Wenn Marmeladen nicht oder zu wenig gelieren, dann kann der Saft ½ Zitrone (je nach Menge der Marmelade – und dem Grad der Flüssigkeit) nachhelfen. Saft zugeben und erneut aufkochen. Die anschließende Gelierprobe zeigt, ob die Saftmenge ausreichend war.

## IN DER HAUSAPOTHEKE

Ein Espresso mit einem Spritzer Zitronensaft wirkt gegen Kopfschmerzen. Der Grund: Die Zitrone unterstützt die körpereigenen Schmerzhemmer, Espresso erweitert die Blutgefäße im Gehirn und lindert den Schmerz.

Gegen Hühneraugen hilft eine Scheibe Zitrone, die über Nacht auf der betroffenen Stelle fixiert wird. Dies wirkt antiseptisch und führt dazu, dass das Hühnerauge zurückgeht.

Gegen Halsschmerzen bei Entzündungen des Rachens und der Mandeln hilft zuverlässig ein Zitronenwickel. Dafür 1–2 Biozitronen in Scheiben schneiden und fächerartig nebeneinander auf ein Baumwolltuch geben. Die Tuchränder darüberfalten und festdrücken, sodass der Zitronensaft das Tuch durchfeuchtet. Den Zitronenwickel um den Hals legen, mit einem weiteren Tuch fixieren und 30 bis 60 Minuten ruhen. Anschließend abnehmen und abtrocknen.

Bei hohem Fieber haben sich Zitronensocken zum Senken der Körpertemperatur bewährt. Dafür den Saft ½ Zitrone mit 150 ml Wasser mischen. Einfache Baumwollsocken mit der Mischung tränken und anziehen, ein Paar Wollsocken darüberziehen und 30 Minuten im Bett ruhen.

Der traditionelle »Hexenbesen« wirkt bei Arteriosklerose und erhöhten Blutfettwerten. Für die Zubereitung 5 Biozitronen in dünne Scheiben hobeln und in 1 l Wasser geben. 20 Minuten stehen lassen. Dann 35 (!) ganze, geschälte Knoblauchzehen in ¼ des Zitronenwassers geben und fein pürieren. Mit dem restlichen Zitronenwasser vermischen und erhitzen – aber auf keinen Fall kochen. 20 Minuten stehen lassen, dann absieben, in eine Flasche füllen und im Kühlschrank aufbewahren. Jeden Morgen vor dem Frühstück ein Schnapsglas davon trinken.

## NATÜRLICHE KOSMETIK

Dieses Zitronen-Deo wirkt zuverlässig und ist leicht herzustellen: Saft und Schalenabrieb einer Zitrone mit 100 ml Wasser vermischen und 1 Stunde stehen lassen. Danach durch ein feines Sieb abseihen und in einen Pumpzerstäuber füllen. ½ TL Natron zugeben und kräftig schütteln. Bei Zimmertemperatur ist dieses Deo 1 bis 2 Wochen haltbar.

Auch ein wirksames und starkes Peeling lässt sich aus Zitronen herstellen. Dafür in einer kleinen Schüssel den Saft ½ Zitrone mit 2 EL feinen Haferflocken und 2 EL Buttermilch verrühren. Es sollte eine dickliche Paste entstehen. Diese auf das Gesicht auftragen, einmassieren und kurz einwirken lassen. Der Zitronensaft wirkt wie ein enzymatisches Peeling und strafft die Haut auf natürliche Weise.

Eine Zitronen-Haarkur wirkt bei fettigen Haaren. Dafür die Schale von 5 unbehandelten Zitronen abreiben und die Zitronen auspressen. Den Schalenabrieb mit 250 ml Wasser aufkochen und 15 Minuten ziehen lassen. Den Saft hinzufügen und alles durch ein feines Sieb abseihen und in eine Flasche füllen. Diese Haarkur nach der Wäsche ins Haar massieren.

## SALZ

Früher galt Salz als weißes Gold – es war selten und teuer. Städte, in denen Salz in den Salinen und Salzbergwerken gewonnen wurde, kamen schnell zu Reichtum: Bevor es Möglichkeiten zur Kühlung gab, war Salz oft die einzige Möglichkeit, um Lebensmittel haltbar zu machen. Noch heute werden in Deutschland 13 Millionen Tonnen Salz abgebaut.

Reines Steinsalz ist für alle Zwecke optimal: Hier finden sich weder Rieselhilfen noch Mikroplastik

Im Handel wird unterschieden zwischen Steinsalz und Meersalz. Das Steinsalz wird in Bergwerken abgebaut, in denen es seit Jahrmillionen liegt. Um das normale Haushaltssalz zu gewinnen, wird Steinsalz gemahlen, gereinigt und meistens auch mit Natriumcarbonat zur besseren Rieselfähigkeit versehen. Reines Steinsalz (ohne weitere Zusatzstoffe) ist im Handel entsprechend gekennzeichnet: Es wird als Tiefensalz, Ursalz, Kristallsalz oder reines Steinsalz angeboten. Das beliebte rosa Himalayasalz hat übrigens keinerlei Vorteile gegenüber dem unbehandelten Steinsalz.

Meersalz wird in Küstennähe in flachen Becken durch natürliche Verdunstung abgebaut. Es entstehen große Kristalle, die dann geerntet werden können. Meersalz ist je nach »Ernteort« unterschiedlich im Geschmack – und leider auch zunehmend durch Mikroplastik verunreinigt. Für alle Anwendungen im gesundheitlichen Bereich empfiehlt sich also der Einsatz von reinem Steinsalz. Ob aus dem Himalaja oder aus Deutschland, ist dabei dem persönlichen Geschmack und Geldbeutel überlassen.

## IM HAUSHALT

Weit bekannt ist der Einsatz von Salz als Nothelfer bei Rotweinflecken. Dafür das Salz großzügig auf betroffene Kleidung, Möbel oder Teppiche streuen und mehrere Stunden einwirken lassen. Die Kristalle saugen den Wein auf, und man kann sie ohne Probleme aufsaugen. Leider funktioniert das nur bei frischen Rotweinflecken.

Feuchtes Salz hellt Teppiche wieder auf. Dafür das Salz auf dem Teppich verstreuen und nach 1 Stunde wieder aufsaugen.

In feuchten Räumen hilft Salz bei der Klimaregulation: Einfach einige Schälchen mit Salz verteilen. Ist das Salz komplett feucht, muss es ausgetauscht werden. Die Anwendung eignet sich besonders für Keller und Bad.

Salz funktioniert auch als sanftes Reinigungsmittel. Um z. B. Verkrustungen im Backofen zu beseitigen, alle Flecken mit reichlich Salz bestreuen und den Backofen auf 50 °C erhitzen. Sobald das Salz sich braun verfärbt, den Backofen wieder ausschalten und die Kristalle mit einem feuchten Lappen aus dem Ofen entfernen. Auch hartnäckiger Schmutz auf Backblechen kann auf diese Weise beseitigt werden.

Wenn sich in Kerzenständern das Wachs sammelt, sollte man die Vertiefungen vor dem Anzünden der Kerzen mit etwas feuchtem Salz bestreuen. Dann lassen sich die erkalteten Wachsreste nach dem Abbrennen der Kerze leichter entfernen.

Einen neuen Duschvorhang legt man vor seinem ersten Einsatz am besten in reichlich Salzwasser ein. Diese Behandlung wirkt wie ein Imprägniermittel gegen Schimmel.

Wenn es aus dem Ausfluss stinkt, dann hilft es, 2 EL Salz in die Öffnung zu geben und ½ Stunde zu warten. Danach kräftig nachspülen.

Kalkränder oder Kalkspuren an Armaturen und Zahnputzbechern lassen sich mit einer Lösung aus Salz und Essig behandeln. Dafür 100 ml Wasser mit 1 EL Salz und 2 EL Essig mischen. Auf den Kalk geben und einweichen lassen. Danach mit einem feuchten Lappen abwischen.

## IM GARTEN

Der Einsatz von Salz gegen Unkraut und Schnecken im Garten ist aus gutem Grund verboten: Es schädigt die Natur nachhaltig. Im entsprechenden Kapitel finden sich viele alternative Tipps ohne Salz.

## GESUNDHEIT

Bei Erkältungen, Nasennebenhöhlenentzündungen, Bronchitis, Lungenentzündung, Asthma und allen anderen Erkrankungen der Atemwege hilft es, Salzwasser zu inhalieren. Dafür in einem Topf 1 l Wasser mit 1 TL Salz erhitzen. Dann – eventuell mit einem Handtuch über dem Kopf – über dem Topf tief einatmen. Achtung: Das Wasser und der Dampf können sehr heiß sein. Also anfangs einen größeren Abstand wählen und das Handtuch erst später über den Kopf legen. Unbedingt immer vorsichtig sein. Die Inhalation wirkt schleimlösend und befeuchtet die gereizten Atemwege.

Ein ½ TL Salz in 250 ml lauwarmem Wasser ergibt eine wirksame Gurgellösung bei Halsschmerzen. Die Lösung wirkt antibakteriell, desinfizierend, abschwellend und entzündungshemmend.

Traditionell wirkt ein Salz-Ohrensäckchen gegen Ohrenschmerzen. Dafür 100 g Salz mit 3 EL getrockneten Kamillenblüten mischen und auf ein (Taschen-)Tuch aus Baumwolle geben. Das Tuch zu einem Säckchen verschließen. In einem Topf Wasser zum Kochen bringen, mit einem Teller abdecken und das Säckchen auf den Teller legen. Nach wenigen Minuten ist das Säckchen warm. Auf das schmerzende Ohr legen, bis das Säckchen erkaltet ist. Bei Bedarf kann die Anwendung wiederholt werden.

Für einen Salzwickel bei Sportverletzungen muss zuerst eine gesättigte Salzlösung hergestellt werden. Dafür Salzbrocken und Wasser in eine Flasche geben. Nach 1 Stunde beträgt der Salzgehalt 26,4 Prozent, das Wasser kann nicht mehr Salz aufnehmen. 200 ml dieser Salzlösung zum Kochen bringen und damit 2 EL getrocknete Arnikablüten übergießen. Die Arnika-Salz-Lösung abkühlen lassen, dann ein Wickeltuch darin tränken und um das verstauchte Gelenk legen. Mit einer Bandage oder einem Verband fixieren und so lange auf dem Gelenk belassen, wie es als angenehm empfunden wird.

Mit Salz lässt sich auch eine einfache Alternative zum Cold Pack herstellen: Dafür einfach Salz in ein Tuch geben und das Tuch zum Säckchen binden oder zunähen. In einer Plastiktüte in die Tiefkühltruhe geben (sonst zieht es Feuchtigkeit) – so lässt es sich jederzeit als Kältekissen einsetzen.

## NATÜRLICHE KOSMETIK

Eine Salz-Öl-Einreibung sorgt für samtweiche Haut. Wieder muss eine gesättigte Salzlösung hergestellt werden. Dafür Salzbrocken und Wasser in eine Flasche geben. Nach 1 Stunde beträgt der Salzgehalt 26,4 Prozent, das Wasser kann nicht mehr Salz aufnehmen. 40 ml der Salzlösung mit 40 ml Mandelöl in eine Flasche geben und kräftig schütteln. Vor dem Duschen den ganzen Körper mit der Mischung einreiben und etwa 10 Minuten einwirken lassen. Mit nicht zu heißem Wasser (und vor allem ohne Duschgel) abspülen.

Aus der gesättigten Salzlösung lässt sich auch eine anregende Gesichtsmaske für den Hautstoffwechsel herstellen. Dafür 20–30 ml der Salzlösung mit 2 EL Heilerde zu einer streichfähigen Paste vermischen. Diese auf das Gesicht geben und eintrocknen lassen. Nach 15 bis 20 Minuten mit lauwarmem Wasser abwaschen und mit einem hochwertigen Öl (z. B. Mandelöl oder Nachtkerzenöl) einreiben.

Verfärbte Hände nach dem Schneiden von Rote Bete oder Schwarzwurzel lassen sich mit einer Mischung von Essig und Salz reinigen. Dafür 1 EL Salz auf die Hände streuen, etwas Essig zugeben und kräftig zwischen den Handflächen und Fingern über die Verfärbungen reiben.

Eine Kältepackung aus Salz kann in der Tiefkühltruhe auf ihren Einsatz warten

# KÜCHE

## 1

### LAGERUNG VON
# LEBENSMITTELN

Das klingt jetzt wirklich nicht schwer: alles in den Kühlschrank oder den Vorratsschrank – und fertig. Das stimmt
im Prinzip ja auch, bei ein paar Lebensmitteln kann man
allerdings Haltbarkeit oder Geschmack (oder beides) deutlich verlängern, wenn man ein paar grundlegende Dinge
beachtet.

Wer darf neben wem liegen – und bei welcher Temperatur?

# OBST

ÄPFEL haben eine extrem unterschiedliche Lagerfähigkeit. Der frühreife Klarapfel wird schon nach 2 Wochen matschig und mehlig, der sollte sofort verbraucht werden. Es gibt aber auch Lageräpfel wie den Boskop, die bis ins nächste Jahr hinein noch gut schmecken. Äpfel mögen es am liebsten kühl und ein wenig feucht, Temperaturen bis −4 °C schaden ihnen nicht. Einige wenige Äpfel können also im Gemüsefach des Kühlschranks auf ihre Verwendung warten. Wenn es aber mehr sind, dann ist ein kühler Keller ideal. Birnen fühlen sich wie Äpfel im Gemüsefach des Kühlschranks oder dem Keller wohl – aber auf keinen Fall zusammen mit Äpfeln! Äpfel strömen das Reifegas Ethylen aus, das Birnen und andere Früchte nachreifen und schneller verderben lässt. Diese sollten Sie daher immer fern der anderen Obstsorten lagern. Es sei denn, die Birnen (oder das andere Obst) sind noch steinhart und unreif. Dann kann die Nachbarschaft mit Äpfeln durchaus helfen.

Alle BEEREN wie Erdbeeren, Himbeeren, Stachelbeeren, Brombeeren, Johannisbeeren verderben sehr schnell nach der Ernte. Im Gemüsefach des Kühlschranks halten sie 2 bis 4 Tage, die grünen Stängel sollten erst direkt vor dem Verzehr entfernt werden.

Auch STEINOBST – wie Kirschen, Pflaumen, Aprikosen, Marillen und Pfirsiche – wird in der Regel reif geerntet und sollte bald verzehrt werden. Im Kühlschrank büßen diese Früchte schnell an Geschmack ein – besser wäre ein kühler, trockener Ort wie der Keller. Wenn Aprikosen & Co. allerdings noch hart sind, dann können sie bei Zimmertemperatur bis zum perfekten Aroma nachreifen.

Pflaumen haben oft einen weißlichen Belag, der sie wie eine natürliche Wachsschicht schützt. Der sollte also nicht entfernt werden. Er kann einfach mitgegessen oder direkt vor dem Essen abgewaschen werden.

ZITRUSFRÜCHTE wie Zitronen, Limetten oder Orangen stammen aus der Wärme und können auch bei Zimmertemperatur gelagert werden. Im Kühlschrank verlieren sie schnell an Aroma. Sie halten durchaus 2 Wochen, wenn sie in einem Korb oder einem Sieb gut belüftet und vor Schimmel sicher sind.

## GEMÜSE

TOMATEN mögen vor allem keine Kälte. Im Kühlschrank gelagert halten sie zwar länger – aber sie verlieren mitsamt ihren sekundären Pflanzenstoffen auch ihren Geschmack. Am liebsten wird die Tomate bei Temperaturen zwischen 12 °C und 18 °C dunkel aufbewahrt, dann kann sie bis zu einer Woche lang frisch und voller Geschmack bleiben. Haben Sie zu viele Tomaten vorrätig, dann eignet sich das Rezept für Ketchup in diesem Buch.

WURZELGEMÜSE wie Karotten, Rote Bete, Kohlrabi, Schwarzwurzeln, Topinambur, Sellerie oder Pastinaken gehören immer in den Kühlschrank. Im Gemüsefach können sie auch nach 2 Wochen noch knackig sein. Dann werden sie allmählich schrumpelig und weich – am besten landen sie dann in einem Eintopf oder werden noch zu einer Gemüsebrühe verarbeitet. Noch länger hält Wurzelgemüse sich in einer Sandkiste im kühlen Keller oder im (ungeheizten) Gartenhaus. Dafür füllt man eine Schicht Sand in eine Holzkiste, legt das Gemüse nebeneinander dort hinein, bedeckt es vollständig mit Sand, legt dann eine weitere Schicht Wurzelgemüse aus, bedeckt es wieder mit Sand – und verfährt so weiter, bis alles Gemüse »vergraben« oder die Kiste voll ist. So hält das Wurzelgemüse mehrere Monate lang.

ZWIEBELN und KNOBLAUCH können problemlos miteinander gelagert werden. Sie sollten trocken, dunkel und luftig liegen, damit sie weder schimmeln noch keimen. Im Keller, einem kühlen Vorraum oder dem (ungeheizten) Gartenhaus im Winter halten sie sich mehrere Monate. Sollten sie in Plastikfolien oder -tüten verkauft werden, muss man diese sofort entfernen: Die Zwiebeln und Knollen schimmeln dann sehr schnell.

Auf keinen Fall sollten Zwiebeln neben KARTOFFELN gelagert werden. Die Kartoffeln treiben dann schneller aus, und die Zwiebeln schimmeln von innen heraus. Ansonsten mögen Kartoffeln allerdings ähnliche Bedingungen wie die Zwiebeln: kühl, dunkel, luftig.

Alle PILZE haben einen hohen Wasseranteil, der sie sehr druckempfindlich macht. Sie werden am besten in einem Korb oder einer Papiertüte aufbewahrt und direkt nach dem Einkaufen aus ihrer Plastikverpackung befreit. So luftig und kühl halten sie sich bis zu 3 Tage im Kühlschrank, dann sollten sie verwertet werden. Oder im Backofen getrocknet (mehrere Stunden bei 60 °C, Kochlöffel in die Backofentür, damit die Feuchtigkeit abziehen kann).

Die perfekte AVOCADO gibt bei sanftem Druck ganz leicht nach. Dann sollte sie gegessen werden – oder aber in den Kühlschrank, um den weiteren Reifeprozess zu stoppen. Wenn sie noch nicht reif ist, reift sie bei Zimmertemperatur nach, sollte aber fern von anderem Gemüse und Obst platziert werden, da sie genauso wie der Apfel das Reifegas Ethylen freisetzt und so alles andere schneller zum Verderben bringt.

SALAT und KRÄUTER bleiben länger frisch, wenn sie in ein feuchtes Küchenhandtuch gewickelt im Kühlschrank aufbewahrt werden. Sonst verlieren sich sehr schnell Vitamine und Knackigkeit. Salat kann auch gewaschen in einer Plastikbox aufbewahrt werden, muss aber vor dem Essen noch einmal gewaschen werden. Geschnittene Kräuterstängel (Petersilie, Dill o. Ä.) können auch als kleiner Strauß in ein Glas mit Wasser gestellt werden.

GURKEN sind in der Lagerung ziemlich zickig: Sie bevorzugen einen Temperaturbereich um die 10 °C. Den gibt es eigentlich nur im Weinkühlschrank, da können die Gurken dann beim Weißwein liegen. Im regulären Kühlschrank können sie höchstens 3 Tage bleiben, dann droht ein Kältebrand – sie werden strohig oder matschig.

## ANDERE LEBENSMITTEL

### EIER

Im Supermarkt oder im Hofladen werden Eier ungekühlt angeboten. Wenn man sie nach Hause bringt, sollten sie trotzdem gekühlt gelagert werden. Der Grund? Nach dem Legen sind Eier etwa vier Wochen haltbar, dieses Datum wird auch auf die Eier aufgedruckt – nach 18 Tagen sollten sie allerdings gekühlt werden. Damit man nicht diesen Termin im Kopf behalten muss, ist es einfacher, sie sofort ins Eierfach zu legen. Dabei sollten Eier nicht in der Nähe von stark riechenden Lebensmitteln liegen, sie nehmen den Geruch an. Wenn das Mindesthaltbarkeitsdatum abläuft, kann man Eier hart kochen, dann sind sie noch einmal bis zu 4 Wochen lang haltbar.

Speisen, die mit rohen Eiern zubereitet werden – wie Tiramisu oder Mayonnaise –, sollten auch im Kühlschrank höchstens 24 Stunden aufbewahrt werden. Und wenn sie im Sommer auf dem Büfett standen, taugen sie nur noch für die Biotonne.

Unverarbeitet und voneinander getrennt sind Eiweiß und Eigelb 2 bis 3 Tage haltbar.

In den USA werden Eier übrigens nur gekühlt angeboten. Das liegt daran, dass sie nach dem Legen gewaschen werden, das zerstört die natürliche Schutzschicht. Bei uns werden Eier nur gebürstet.

Wer sich fragt, ob ein Ei noch frisch ist, kann einen einfachen Trick anwenden: Das Ei wird in ein Glas mit kaltem Wasser gelegt. Liegt es am Boden, ist es frisch. Wenn es aufrecht auf der Spitze steht, sollte es bald verzehrt werden. Faule Eier schwimmen an der Wasseroberfläche. Grund für dieses Phänomen ist die Luftkammer im Ei, die im Lauf der Wochen immer größer wird.

## SENF

Auch wenn Senf im Supermarkt ungekühlt im Regal steht: Er sollte möglichst kühl und dunkel gelagert werden. Dann ist er nahezu unbegrenzt haltbar, auch wenn das Mindesthaltbarkeitsdatum schon lange überschritten ist. Allerdings verliert der Senf bei langer Lagerung an Schärfe. Das liegt an dem ätherischen Senföl, das sich im Lauf der Zeit abbaut. Auch der gelbe Farbstoff ist flüchtig: Der Senf wird so mit der Zeit blasser.

Wenn Senf einmal geöffnet ist, dann sollte er endgültig in den Kühlschrank. Wenn er in einem Glas (und nicht in einer Tube) ist, dann sollte man ihn vor dem Genuss umrühren: Guter Senf wird nicht mit Dickungsmitteln hergestellt, sondern lediglich mit Essig- und Wasserbindung der vermahlenen Senfsaat.

## BROT

Die richtige Lagerung von Brot ist einfach. Am liebsten sollte das komplette Brot, das nicht in Scheiben geschnitten ist, bei Raumtemperatur in einem Brotkasten aus Steingut liegen. Sinnvoll ist auch ein Brotkasten aus Holz oder Metall, wenn die Luft gut zirkulieren kann. Im Brotkasten sollte immer auf Sauberkeit geachtet werden. Etwa einmal die Woche sollte der Kasten mit Essig ausgewischt werden, damit

Weizen, Roggen oder Vollkorn: Die Brote sind unterschiedlich haltbar. Aber in den Kühlschrank sollte keins davon

sich keine Schimmelpilze auf den Brotkrumen ansiedeln
können.

Wenn das Brot dann auch noch auf der Schnittkante liegt
und die Kruste so dafür sorgt, dass nicht zu viel Flüssigkeit
verdunstet, dann wird die Haltbarkeit nur noch durch die
Art des Mehls bestimmt:

- Weizenbrote: bis zu 2 Tage
- Weizenmischbrote: 2 bis 4 Tage
- Roggenmischbrote: bis zu 3 Tage
- Roggenbrot: 4 bis 6 Tage
- Schrot- und Vollkornbrote: 7 bis 9 Tage

Was Brot überhaupt nicht mag, ist die Lagerung im Kühlschrank. Hier trocknet es schneller aus und verliert an Geschmack. Wer sein Brot allerdings scheibenweise einfriert
und dann im Toaster auftaut, muss keinerlei Geschmacks-
und Qualitätsverlust befürchten.

## ÖL

Gutes Öl ist ein sehr hochwertiges Produkt – dementsprechend muss man bei der Lagerung einiges beachten. Ideal ist ein dunkler Lagerplatz oder eine dunkle Flasche. Kürbiskernöl oder Leinöl sollte eher in den Kühlschrank, es wird sonst sehr schnell ranzig. Olivenöl flockt dagegen bei Temperaturen um die 10 °C aus und wird trübe. Das hat zwar keinerlei Auswirkungen auf die Qualität, sieht aber sehr unschön aus.

Ein Feind jedes Öls ist Sauerstoff. Öl fängt bei Sauerstoffkontakt an zu oxidieren und verändert seinen Geschmack – es wird ranzig. Das gefährdet zwar nicht die Gesundheit, beleidigt aber die Geschmacksnerven. Öl also nach Möglichkeit in Flaschen mit Schraubverschlüssen aufbewahren und direkt nach dem Gebrauch wieder verschließen.

Oliven-, Sonnenblumen-, Raps- oder Sesamöl halten sich problemlos bis zu 2 Jahre, Lein-, Walnuss- oder Distelöl sind dagegen meist nur 6 Monate haltbar. Wenn man also keinen hohen Bedarf an diesen Ölsorten hat, dann ist es sinnvoll, kleinere Flaschen zu kaufen.

Durch den hohen Fettgehalt der Öle haben Bakterien und Schimmel kaum Chancen. Anders sieht es bei den veredelten Ölen aus, die gerne verschenkt werden. Wenn Gewürze oder Kräuter im Öl sind, dann sollte man darauf achten, dass sie komplett vom Öl bedeckt sind und nicht irgendwo herausschauen. Diese »Kräuterinseln« werden besonders gerne von Schimmel befallen. Wenn sich Schimmel in einem solchen Öl bildet, dann muss es komplett entsorgt werden – aber nicht im Abfluss, sondern im Hausmüll.

## ESSIG

Wer seine Essigflasche genau ansieht, wird feststellen, dass auf ihr nur selten ein Mindesthaltbarkeitsdatum aufgedruckt ist. Bedeutet das, dass er unbegrenzt haltbar ist?

Fast. Tatsächlich ist eine ungeöffnete Flasche Essig 10 Jahre und mehr gut für den Genuss.

Anders ist es bei geöffneten Flaschen. Sie sollten immer schnell verschlossen und kühl gelagert werden. Essigbakterien vermehren sich bei 25 °C sehr gut – und nachdem es sich bei gutem Essig um ein Naturprodukt handelt, werden die Bakterien bei Zimmertemperatur ihre Arbeit aufnehmen. Dann kann es zur Bildung einer Essigmutter kommen – eine Art schleimiger Pfropf, der im Essig schwimmt. Diese Essigmutter zeigt auf keinen Fall an, dass der Essig verdorben ist. Eher im Gegenteil: Es deutet daraufhin, dass es sich um ein funktionierendes Produkt handelt, denn Essigbakterien wandeln den Alkohol in Essig um. Jetzt gibt es drei Möglichkeiten:

- Einfach den Essig durch ein feines Sieb geben und neu in eine saubere, dunkle Flasche abfüllen. Am besten im Kühlschrank weiter aufbewahren und verbrauchen.
- Den Essig mitsamt der Essigmutter zum Marinieren von Fleisch oder Gemüse verwenden.
- Die Essigmutter dazu verwenden, eigenen Essig herzustellen. Dafür z. B. 1 l Wein in eine bauchige Flasche füllen, die Essigmutter dazugeben und als Verschluss nur einen Wattebausch in den Hals der Flasche stecken. An einen warmen Ort stellen und regelmäßig schwenken. Hin und wieder probieren. Wenn der Essig gut schmeckt, abseihen und in einer Flasche an einem kühlen, dunklen Ort lagern, damit der Essig noch reifen kann. Das geht auch mit Bioapfelsaft.

Leider kann Essig auch schimmeln. Schimmel ist allerdings leicht von der Essigmutter zu unterscheiden: Er bildet eine pelzige Oberfläche auf dem Essig. Schimmliger Essig riecht und schmeckt muffig oder modrig, bitzelt oft auf der Zunge und sollte unbedingt entsorgt werden. Essig darf durchaus auch in den Abfluss geschüttet werden.

KÜCHE

# 2 ZUBEREITUNG
## VON LEBENSMITTELN

Braten, kochen, kalt stellen und wieder aufwärmen – Lebensmittel machen einiges durch, bevor sie gegessen werden. Damit trotzdem möglichst viele Vitamine und sekundäre Pflanzenstoffe erhalten bleiben, sollte man einige einfache Regeln beachten.

Am Markstand ist noch alles frisch. Aber wie lange bleibt das so?

## HÄUFIGER AUF DEN MARKT

Gemüse und Salat sind am besten direkt nach der Ernte – danach verlieren sie mit jedem Tag mehr Nährstoffe. Frischer Spinat hat z. B. 3 Tage nach der Ernte nur noch 25 Prozent seines Vitamin-C-Gehalts. Daher lohnt sich der Kauf regionaler Produkte auch aus gesundheitlichen Aspekten: Der kürzere Weg sorgt für einen schnelleren Verkauf nach der Ernte – es sind noch deutlich mehr Nährstoffe enthalten.

Wer nicht so oft einkauft, sollte lieber auf Tiefkühlware zurückgreifen. Spinat wird noch am Tag der Ernte tiefgefroren – und sogar Dosentomaten haben meist einen höheren Gehalt am Radikalenfänger Lycopin als die gekühlten Kollegen aus dem Supermarkt.

## KURZ WASCHEN

Viele Vitamine und Mineralstoffe sind wasserlöslich. Nach einem ausgiebigen Wasserbad verschwinden sie auf Nimmerwiedersehen in den Abfluss. Deshalb sollte Obst, Gemüse und Salat nur kurz gewaschen werden. Bereits geschälte Kartoffeln sollten auf keinen Fall in ein Wasserbad: Nachdem sie mitsamt der Schale schon die meisten Nährstoffe verloren haben, verschwindet dann der Rest.

## BITTE MIT SCHALE

Direkt in und unter der Schale verbergen sich bei vielen Obst- und Gemüsesorten die Nährstoffe. Wenn Apfel, Kartoffel & Co. geschält werden, sind diese Stoffe unwiederbringlich verloren – und darüber hinaus verlieren z. B. Kartoffeln ohne Schale beim Kochen noch die verbliebenen Nährstoffe. Wer also keine Schalen mag, der sollte Kartoffeln lieber erst nach dem Kochen pellen – und bei Äpfeln und Birnen auf Bioqualität achten, damit die Früchte mitsamt der Schale gegessen werden können.


## VORBEREITUNG IN LETZTER SEKUNDE

In allen Rezepten finden sich diese Anweisungen: Würfeln, raspeln, stückeln, in Ringe schneiden, pürieren... Sobald allerdings eine Oberfläche mit Sauerstoff in Kontakt kommt, setzen Reaktionen ein, die Nährstoffe zersetzen. Je stärker die Zerkleinerung, desto größer ist die Oberfläche – und desto stärker ist der Zersetzungsprozess. Alle Zutaten sollten also erst kurz vor ihrer Verwendung zerkleinert werden – ein Smoothie hat beispielsweise nur dann einen Nutzen für die Gesundheit, wenn er ganz frisch getrunken wird. Der Zersetzungseffekt lässt sich minimieren, wenn man die zerkleinerten Lebensmittel bis zur Verarbeitung in einem luftdichten Behälter aufbewahrt. Auch das Beträufeln mit Essig oder Zitronensaft verhindert eine sehr schnelle Oxidation.

## VERLUSTE VERRINGERN

Stundenlanges Schmoren sorgt dafür, dass das Gemüse auch noch die letzten Nährstoffe verliert. Schonend ist dagegen das Dünsten und Dämpfen von Gemüse, Fisch oder Fleisch. Beim Garen im Wasserdampf bleiben die meisten Nährstoffe erhalten. Auch das Garen im Wok sorgt für gesunden Genuss. Die Zutaten werden zwar sehr hoch erhitzt – aber eben nur für wenige Augenblicke. So bleiben die Verluste gering und das Gemüse knackig.

## AUFWÄRMEN UND WARM HALTEN

Es ist richtig und wichtig, keine Lebensmittel wegzuschmeißen. Trotzdem verlieren die meisten Lebensmittel gewaltig an Vitaminen und Nährstoffen, wenn sie warm gehalten oder aufgewärmt werden. Die größte Diva ist dabei übrigens Folsäure – sie reagiert empfindlich auf Hitze, Licht, Luft und Wasser. Deswegen besser immer knappe Mengen kochen und die Portionen nicht zu reichlich bemessen. Und in Kantinen, in denen das Essen oft sehr lange warm gehalten wird, immer üppig am Salatbüfett bedienen, um den Nährstoffhaushalt ausgeglichen zu halten.

# 3 SUPPEN UND BRÜHEN

Schon seit der Steinzeit erwärmen Suppen Mägen, Herzen und Hände der Menschen. Töpfe gab es damals allerdings noch nicht: Suppen wurden vielmehr in Kochsäcken aus Leder zubereitet, die mit glühenden Steinen erwärmt wurden. In diesen Kochsäcken wurden schwer verdauliche Zutaten bekömmlicher. Vor etwa 10 000 Jahren entstanden dann Tongefäße, die Zubereitung wurde damit deutlich einfacher. Heute sind Suppen, Brühe und Eintöpfe immer noch die absoluten Lieblinge in jeder Art von Küche. Klar oder sahnig, leicht oder reichhaltig – kaum eine andere Mahlzeit ist so vielseitig wie die Suppen. Herzstück jeder Suppe oder Soße ist die Brühe. Seit dem 19. Jahrhundert gibt es den Fleischextrakt von Justus von Liebig, Brühwürfel, Maggi-Würze oder Johann Heinrich Grünebergs Erbswurst – alles Erleichterungen für die Hausfrauen. Aber an eine echte selbst gemachte Brühe kommt geschmacklich einfach nichts heran.

# GEMÜSEBRÜHE

Nichts ist so einfach – und so kostengünstig – wie eine Gemüsebrühe. Grundlage sind häufig Reste: Karotten-schalen, die fasrigen Abschnitte vom Lauch, Strünke von Brokkoli oder Rosenkohl, runzlige Paprika – und anderes unansehnliches Gemüse, das im Gemüsefach des Kühl-schranks ein Schattendasein fristet. Schimmeln oder faulen

In eine Gemüsebrühe darf eigentlich jedes Gemüse – auch Abschnitte und (saubere) Schalen

sollte es natürlich nicht. Dazu kommen noch andere Zu-taten wie Zwiebeln, Knoblauch, Knollensellerie, Pastinaken oder Petersilienwurzeln, Liebstöckel, Lorbeer und Pfeffer-körner.

Das Gemüse sollte geputzt und in Stücke geschnitten werden. In einem breiten Topf wird Öl erhitzt und das Gemüse kurz angeschwitzt. Dann – je nach Menge des Gemüses – mit Wasser auffüllen. Wenn zu einem Kilo Gemüse etwa 2 l Wasser zugegeben werden, dann stimmt die Mischung. Angedrückte Pfefferkörner, Kräuter und 2–3 Lorbeerblätter zugeben und dann 1 Stunde knapp unter dem Siedepunkt simmern lassen. Anschließend durch ein Sieb abseihen und der weiteren Verwendung zuführen: Entweder einfrieren, bis man Gemüsebrühe benötigt. Oder aber würzen und mit frischem Gemüse und Nudeln eine feine Nudelsuppe daraus zubereiten. Oder auch alle anderen Rezepte, die eine Brühe verlangen, mit dieser Grundlage herstellen.

## RINDERBRÜHE

Für einen Rinderfond sollte man beim Metzger nach Knochenstücken fragen. Dazu Ochsenschwanz, Beinscheiben oder Bauchlappen – für diese Brühe darf das Fleisch ruhig sehnig oder fettig sein. Für 2 bis 3 l Brühe sind etwa 1,5 kg Knochen und 500 g Beinscheibe passend – es darf gerne auch etwas mehr sein.

Die Knochen auf einem Backblech im Ofen bei 200 °C kräftig anrösten. In der Zwischenzeit 3–4 Möhren, 1 kleine Sellerieknolle und 3 Zwiebeln schälen und klein schneiden und in einem großen Topf in Öl anbraten. 3 EL Tomatenmark und 1 TL Zucker dazugeben, mit anrösten. Knochen, Beinscheibe oder Ochsenschwanz und das ausgetretene Fett sowie 3 bis 4 l Wasser zufügen. Etwa 4 Stunden bei offenem Deckel köcheln lassen, dabei regelmäßig mit einer Kelle den entstehenden Schaum abschöpfen. Durch den offenen Deckel reduziert sich die Menge und erhält einen wunderbar intensiven Geschmack.

Alles durch ein Sieb gießen und die Brühe abkühlen lassen. Über Nacht in den Kühlschrank stellen. Am nächsten Morgen das fest gewordene Fett abnehmen. Danach die Brühe in kleinen Portionen einfrieren oder direkt weiterverarbeiten: zu Bratensoße, Rindersuppe oder zum Verfeinern von Eintopfgerichten.

Wenn der Fond noch kräftiger werden soll – und nicht für Kinder gedacht ist –, dann kann anstelle des Wassers auch ganz oder teilweise mit Rotwein aufgefüllt werden. Dazu immer wieder Rotwein angießen und reduzieren lassen.

## HÜHNERBRÜHE

Ein großes Huhn außen und innen abwaschen, in einen Topf geben und diesen mit kaltem Wasser so auffüllen, dass das Huhn fast komplett bedeckt ist. Aufkochen lassen und den entstehenden Schaum mit einer Kelle abschöpfen.

1 Zwiebel schälen und halbieren und mit der Schnittfläche nach unten in einer beschichteten Pfanne kräftig braun rösten – das sorgt für eine schöne Farbe der Hühnerbrühe. 3 Möhren schälen und in Scheiben schneiden, ½ Sellerieknolle putzen und würfeln. Zwiebel, Sellerie und Möhren zu dem Huhn geben. 1 Lorbeerblatt, 5–7 angedrückte Pfefferkörner, einige Zweige Petersilie und Liebstöckel zugeben. Alles zusammen etwa 2 Stunden köcheln lassen.

Dann das Huhn aus der Brühe nehmen, enthäuten, das Fleisch vom Knochen lösen und in mundgerechte Stücke schneiden. Entweder sofort mit der Brühe weiter zu einer Hühnersuppe verarbeiten – oder einer anderen Verwendung zuführen: Geflügelsalat, Sandwiches mit Geflügelfleisch, Quiches oder Ähnliches.

Die Brühe durch ein Sieb abseihen und entweder direkt weiterverwenden (in Risotto, Hühnersuppe, zu einer Soße) oder in Portionen einfrieren, um sie später einzusetzen.

# FISCHBRÜHE

Beim Fischhändler Fischkarkassen – das sind die Gerippe nach dem Filettieren, nicht selten mitsamt Kopf und Schwanz – besorgen. Je fleischiger diese Karkassen sind, desto besser. Am besten geeignet sind Karkassen von weißfleischigen Fischen. Etwa 1 kg Karkassen ergeben 1 l Fischfond. Diese Karkassen in klarem Wasser 30–40 Minuten wässern. In der Zwischenzeit 2–3 Lauchzwiebeln putzen und in Ringe schneiden, 2 Stangensellerie putzen und in Scheiben schneiden, 1 kleine Fenchelknolle putzen und in Stücke schneiden. 2 Schalotten schälen und grob würfeln. 1 Biozitrone heiß abwaschen und mit einem Sparschäler schälen.

Zitronenschale, Karkassen und das vorbereitete Gemüse in einen Topf geben, mit 800 ml Wasser und 200 ml Weißwein auffüllen und zum Kochen bringen. 20 Minuten köcheln lassen und den entstehenden Schaum immer wieder mit einer Kelle abnehmen.

Danach die Brühe durch ein Sieb abseihen und abkühlen lassen. Entweder gleich weiterverarbeiten (zu Fischsuppe, Soße oder zum Verfeinern) oder portionsweise einfrieren.

# SELBST GEMACHTE GEKÖRNTE BRÜHE

Sie lässt sich sehr einfach selber herstellen – und dann kann man sich absolut sicher sein, ein Produkt ohne jede Konservierungsstoffe oder Geschmacksverstärker zu haben. Noch dazu lässt sich diese Brühe beliebig variieren: Wer keinen Sellerie mag – der lässt ihn weg. Und Fans von Rosmarin, Thymian oder irgendeinem anderen Gewürzkraut können es gerne in ihre individuelle Rezeptur aufnehmen. Wenn Liebstöckel dazukommt, dann schmeckt es unweigerlich nach Maggi – aber für so manchen Suppenfan ist das ja in einer Suppe unverzichtbar …

Hier ein einfaches Basisrezept:

1 große Zwiebel, 200 g Sellerie, ½ Bund glatte Petersilie, 2 Karotten und 1 nicht zu große Lauchstange putzen, schälen und sehr klein schneiden. Am besten geht das in einem Hochleistungs-Küchengerät (z. B. Thermomix) – aber mit ein bisschen Fleiß und Geduld lässt sich das Gemüse auch in Handarbeit klein raspeln und schneiden. Auf jeden Fall sollte es noch Struktur haben – aber eben eine recht feine. Das Gemüse dann gleichmäßig auf einem Blech verteilen und 120 Minuten bei 80 °C im Backofen trocknen. Einmal zwischendurch wenden. Wenn es nach 2 Stunden noch feucht ist, dann kann es auch 1 Stunde länger im Backofen bleiben. Danach den Backofen ausschalten und das Gemüse mit der Resthitze fertig trocknen (das geht auch über Nacht). Am nächsten Morgen auf dem Blech an einen warmen, trockenen Ort stellen, wenden und 1 bis 2 Tage weitertrocknen lassen. Dann mit 1–2 EL Salz (am besten ein gutes Steinsalz) mörsern und in ein Schraubglas füllen. Einfach wie normale gekörnte Brühe verwenden. Diese Brühe eignet sich übrigens auch perfekt als Geschenk oder Mitbringsel.

Generell empfiehlt es sich, diese Brühen in nicht zu großen Portionen einzufrieren – sie eignen sich wunderbar zum Verfeinern von Soßen.

Wenn aus den Brühen eine schmackhafte Suppe werden soll, dann gibt es eine Vielzahl von Einlagen: Klöße, Nudeln, Backerbsen, Gemüse, Getreide, Pfannkuchenstreifen – oder das jeweils passende Fleisch, Fisch oder Schalentiere.

# RETTUNG BEI GROßEN UND KLEINEN KOCHUNFÄLLEN

## ZU SALZIG

Eine rohe Kartoffel schälen, halbieren oder vierteln und in der Suppe mitkochen lassen. Sie nimmt das überschüssige Salz auf und kann danach wieder aus der Suppe genommen und entsorgt werden. Das funktioniert auch mit ungekochtem Reis in einem Tee-Ei oder einem Teesieb: Mitkochen lassen und danach entsorgen.

## ZU SCHARF

Das für die Schärfe verantwortliche Capsaicin ist fettlöslich. Deswegen eine Tasse Öl zur Suppe geben, umrühren und das aufsteigende Fett abschöpfen. Alternativ hilft auch die Zugabe von Sahne oder Joghurt. Auch 1 TL Zucker mildert die Schärfe.

## ZU DÜNN

Wenn ausreichend Suppe vorhanden ist, die Flüssigkeit reduzieren, d. h. bei geöffnetem Deckel köcheln lassen, bis ein Teil des Wassers verdunstet ist – so wird die Suppe kräftiger. Wenn es nun zu wenig ist, dann hilft ein Brühwürfel oder körnige Brühe – am besten selbst gemacht (siehe Rezept). Nach der Zugabe aufkochen lassen und die Suppe mit Mehlbutter binden. Wenn sie dann immer noch zu wässrig ist, hilft Speisestärke: In kaltem Wasser anrühren, damit keine Klümpchen entstehen, und dann mit der Suppe aufkochen lassen.

## ZU DICK

Ein paar Schöpfer Brühe oder Wasser beheben das Problem. Danach das erneute Abschmecken nicht vergessen.

## ZU FETT

Entweder mit einem Küchentuch von der Oberfläche der warmen Suppe einen Teil des Fetts abnehmen. Wenn es noch schneller gehen soll: Eiswürfel in das Küchentuch einschlagen, das Fett bleibt dann besser daran hängen, weil es schnell erstarrt. Wenn ausreichend Zeit ist: Suppe abkühlen lassen und die Fettschicht abnehmen.

## ZU WENIG GESCHMACK

Salz, Pfeffer, Gewürze sind in der Suppe – und sie schmeckt immer noch nach nichts? 1 EL Zucker kann da Wunder wirken. Auch 1 TL selbst gemachter gekörnter Brühe wirkt Wunder.

## ANGEBRANNT

Schnell die Suppe in einen anderen Topf umfüllen, auf keinen Fall den dunklen Bodensatz ankratzen. Die Suppe dann mit einigen Vierteln von geschälten Zwiebeln aufkochen, die Zwiebeln entfernen und erneut abschmecken. Wenn sie dann immer noch angebrannt schmeckt, kann ein großer Schuss Weißwein Wunder wirken. Wenn das auch nichts hilft, dann muss die Suppe leider entsorgt werden.

## TRÜBE BRÜHE

Wenn die Suppe auch nach dem Klären mit Eiweiß immer noch trüb bleibt, sollte sie durch ein Tuch gegossen werden. Sollte das nicht helfen, kann man auch eine Cremesuppe servieren.

# 4 UNSER TÄGLICH
## BROT ...

Knusprig, duftend, frisch mit einer feinen Kruste – so sollte unser Brot sein. Dann reichen ein bisschen Butter und ein paar Krümel Salz, um ein perfektes Abendessen zu haben. Leider sind die brotähnlichen Backwaren aus dem Supermarkt häufig schon beim Abendessen altbacken und schmecken dann eher so, wie Schaumstoff aussieht. Dabei ist es ganz einfach, selber ein Brot zu backen. Bei manchen Rezepten dauert es nicht einmal lange, bis das Brot fertig ist – bei

Geschmacklich einfach unschlagbar: selbst gebackenes Brot

anderen Broten ist Zeit die wichtigste Zutat. Auf jeden Fall gilt auch beim Brot: Wenn man es selbst bäckt, dann kennt man jede der Zutaten und kann auch selbst entscheiden, wie regional oder wie bio das Brot werden soll. Auffallend ist bei den meisten Rezepten, wie wenig Zutaten eigentlich nötig sind, um etwas so Köstliches wie ein richtig gutes Brot zu backen. Die Backtriebmittel der Großindustrie vermeidet man so auf jeden Fall – und nach der Überzeugung vieler Ernährungswissenschaftler auch eine Glutensensitivität.

Ein paar Tipps gelten für alle Brote:

## ERFOLGSGARANT ZEIT

Sicher, einige Brote lassen sich mithilfe von Backpulver oder Hefe auch sehr schnell backen. Aber in der Regel werden Brote mit Sauerteig oder auch mit Hefe durch eine ausreichende Ruhezeit sehr viel besser, sie haben schöne, lockere Poren und eine gleichmäßige Krume.

## EINE SACHE DER EINSTELLUNG: TEMPERATUR

Die meisten Brote und Brötchen haben eine höhere Anbacktemperatur von 220–230 °C im vorgeheizten Backofen bei Ober-/Unterhitze. Diese Temperatur stabilisiert den Teigling – vor allem bei weichen Teigen. Nach wenigen Minuten wird die Temperatur reduziert, und das Brot wird bei 180–200 °C fertig gebacken.

## BEDAMPFEN

Um eine knusprige Kruste und ein gutes Volumen zu erzielen, wird in der ersten Backphase mit Dampf gearbeitet. Dafür wird eine feuerfeste Schale mit Wasser in den Backofen gestellt oder eine Tasse Wasser in die Fettpfanne gegeben. So bildet sich im Ofen Wasserdampf. Wenn nach

10 Minuten die Temperatur reduziert wird, dann wird das Bedampfen eingestellt: Man öffnet kurz den Ofen, damit der Dampf entweichen kann, entfernt die Schale oder die Fettpfanne (wenn da noch Wasser drin ist) und bäckt das Brot trocken fertig.

## KLOPFPROBE

Wenn das Brot fertig gebacken ist, dann kann man hören, ob es wirklich gar ist: Einfach an der Unterseite anklopfen. Wenn es hohl klingt, dann ist es fertig.

## HEFEBROTE

Diese Brote sind sehr unkompliziert zu backen und gelingen eigentlich immer. Die entscheidende Frage für viele: Frisch- oder Trockenhefe? Die Antwort ist einfach: Nehmen Sie das, was Sie zu Hause haben. 1 Würfel frische Hefe entspricht 2 Tütchen Trockenhefe und reicht in der Regel für 1 kg Mehl.

## SCHNELLES DINKELBROT

Das schnellste Brot in diesem Buch. Es entsteht ein helles, saftiges Brot, das nicht nur Kinder lieben. Wenn es nach ein paar Tagen nicht mehr frisch ist, eignet es sich auch sehr gut zum Toasten.

**ZUTATEN:**
1 Packung Trockenhefe (oder ½ Würfel Frischhefe)
1 TL flüssiger Honig
500 g Dinkelvollkornmehl
1 EL Apfelessig
1 ½ TL Salz

**ZUBEREITUNG:**

1. 450 ml lauwarmes Wasser (ideal: 38 °C), Trockenhefe und Honig in einer Schüssel verrühren. Mehl, Essig und Salz zugeben und 1 Minute mit dem Rührgerät vermischen.
2. Kastenform mit Backpapier auskleiden oder fetten. Den sehr flüssigen Teig einfüllen. Gehen lassen, bis der Teig den Rand der Kastenform erreicht hat. In der Zwischenzeit den Backofen auf 220 °C vorheizen (Ober-/Unterhitze).
3. Brot auf der mittleren Schiene garen, nach 15 Minuten die Temperatur auf 200 °C reduzieren und 30 Minuten fertig backen. Brot aus der Form nehmen, Klopfprobe machen und auskühlen lassen.

**TIPP:**

Die Kastenform kann je nach Geschmack und Vorliebe auch mit Haferflocken, Kürbis- oder Sonnenblumenkernen ausgestreut werden.

# TOPFBROT OHNE KNETEN

Noch weniger Arbeit geht nicht. Dieses Brot benötigt allerdings einige Zeit zum Gehen – das erledigt man am besten am Vortag. Wichtig ist allerdings die Wahl des Topfes: Der muss hitzebeständig sein. Und einen Deckel haben. Klingt nach Kochtopf? Richtig! Und am besten wird er mit dem Backofen aufgeheizt. Wenn der Teig in den heißen Topf kommt, dann lässt sich das Brot nach dem Backen gut daraus lösen.

**ZUTATEN:**

½ Päckchen Trockenhefe (oder ¼ Würfel Frischhefe)
1 EL Zucker
750 g Weizenmehl (Type 550)
1 EL Salz
Mehl zum Arbeiten

**ZUBEREITUNG:**

1. Hefe mit Zucker und 50 ml lauwarmem Wasser (ideal: 38 °C) vermischen. Mehl und Salz in eine Schüssel geben. Die Hefemischung dazugeben und mit 550 ml lauwarmem Wasser auffüllen. Alles so verrühren, dass keine Mehlklumpen mehr übrig sind, und abgedeckt in den Kühlschrank stellen. 12 Stunden oder über Nacht gehen lassen.
2. Herausnehmen und 4 Stunden stehen lassen. Backofen mit dem Topf auf 200 °C vorheizen (Ober-/Unterhitze).
3. Den sehr weichen Teig auf eine üppig bemehlte Arbeitsfläche geben. Mit bemehlten Händen einige Male falten (nicht kneten, nur übereinanderschlagen).
4. Heißen Topf aus dem Ofen nehmen, auf ein Backgitter stellen. Teig in den Topf legen, Deckel auflegen und 1 Stunde backen.
5. Deckel abnehmen und 45 Minuten fertig backen. Topf aus dem Ofen nehmen, Brot aus dem Topf nehmen und abkühlen lassen.

## EINFACHES KASTENWEISSBROT

Eine süße Variante der Hefebrote – das schmeckt besonders gut zum Frühstück. Wem die einfache Kastenform zu langweilig ist, der kann aus dem Teig auch einen Zopf flechten und diesen mit etwas Milch bestreichen. Dann einfach auf dem bemehlten Backblech backen.

**ZUTATEN:**
500 ml Milch
2 Päckchen Trockenhefe (oder 1 Würfel Frischhefe)
1 TL Zucker
1 EL Salz
1000 g Weizenmehl (Type 550)
80 g Butter

**ZUBEREITUNG:**
1. Die lauwarme Milch mit Hefe und Zucker verrühren. Salz und Mehl in einer Schüssel vermischen, dann die Hefemilch darübergeben. Die Butter verflüssigen und einrühren. Den Teig etwa 5 Minuten kneten (mit den Knethaken oder den Händen).
2. Teig in der Schüssel abdecken und 30 Minuten an einem warmen Ort (z. B. auf der Heizung) gehen lassen. Danach noch einmal durchkneten und in die gefettete Kastenform geben. Noch einmal 30 Minuten abgedeckt gehen lassen.
3. Backofen auf 190 °C (Ober-/Unterhitze) vorheizen. Teigoberfläche an der Oberseite längs einritzen und mit lauwarmem Wasser oder Milch bestreichen. Brot im Ofen auf der mittleren Schiene 60–70 Minuten backen.

KÜCHE

# SAUERTEIG

Das Brot aus Sauerteig ist ein absoluter Klassiker und für viele Brotliebhaber der einzig wahre Genuss. Das Schöne ist: Sogar Sauerteig lässt sich selber herstellen. Alles, was es dafür braucht, ist Zeit. Vier Tage, um genau zu sein. Dafür lässt sich das fertige Anstellgut – so nennt man den aktiven Sauerteig, den man nicht sofort verbäckt, sondern im Kühlschrank lagert oder sogar einfrieren kann – gut aufbewahren. Also los:

**ZUTATEN**

(für etwa 500 g Sauerteig):

200 g Roggen-, Dinkel- oder Weizenvollkornmehl (unbedingt eine höhere Type als 800 wählen, der Sauerteig benötigt die enthaltenen Keime zum Reifen)

**ZUBEREITUNG:**

1. In einer Schüssel 60 g Mehl mit 100 ml lauwarmem Wasser verrühren (ideal: 38 °C). Abgedeckt an einem warmen Ort 72 Stunden ruhen lassen (z. B. auf der Heizung). Jeden Tag einmal umrühren und danach wieder abgedeckt weiter ruhen lassen.

Guter Sauerteig lässt sich vor allem am Geruch erkennen: säuerlich und angenehm

2. Nach den 72 Stunden 75 g Mehl und weitere 100 ml lauwarmes Wasser einrühren. Abgedeckt 12 Stunden ruhen lassen. Danach das restliche Mehl und weitere 100 ml lauwarmes Wasser einrühren. Weitere 12 Stunden ruhen lassen.
3. Der Sauerteig ist nun fertig, er sollte luftig sein und säuerlich angenehm duften. Nach Rezept verwenden.
4. Für das nächste Brot 100 g abnehmen und in ein Schraubglas gefüllt im Kühlschrank lagern. Dieses Anstellgut ist etwa eine Woche haltbar. Es kann aber auch eingefroren werden.

# DINKELBROT »SONNE«

**ZUTATEN:**
275 g Dinkelvollkornmehl
100 g geschroteter Dinkel
100 g Sonnenblumenkerne
50 g Dinkelflocken
150 g Sauerteig (siehe voriges Rezept)
1 EL Salz
1 EL Agavendicksaft

**ZUBEREITUNG:**
1. Mehl mit Schrot, Sonnenblumenkernen und Dinkelflocken in einer Schüssel vermengen. 400 ml lauwarmes Wasser, Sauerteig, Salz und Agavendicksaft zugeben und alles mit der Küchenmaschine 5 Minuten kräftig kneten. Der Teig ist recht weich – er benötigt kein weiteres Mehl.
2. Den Teig in der Schüssel abgedeckt für 12 Stunden (am besten über Nacht) in den Kühlschrank stellen.
3. Gut durchkneten und in eine Kastenform geben. Abgedeckt weitere 1 bis 2 Stunden ruhen lassen.
4. Backofen auf 230 °C (Ober-/Unterhitze) vorheizen. Eine

Schale mit heißem Wasser auf den Ofenboden stellen.

5. Das Brot auf mittlerer Schiene 10 Minuten backen, dann die Temperatur auf 200 °C senken und die Wasserschale entfernen. (Vorsicht! Die ist heiß!) 40 Minuten fertig backen. Aus der Form nehmen und abkühlen lassen.

## BACKFEHLER – UND WOHER SIE KOMMEN

### BROT GEHT NICHT AUF

Ist die Hefe noch haltbar? Alte Hefe hat kaum noch Triebkraft. Wenn die Hefe frisch ist, dann kann es sein, dass sie mit zu warmem Wasser oder Milch getötet worden ist. Die Pilze sind hitzeempfindlich und vertragen nur lauwarme Temperaturen. Vielleicht hat der Teig auch Zugluft bekommen (… aber eigentlich sind Hefeteige robuster als ihr Ruf!). Möglicherweise war der Teig aber auch zu trocken, dann können die Hefekulturen nicht aktiv werden.

### KRUME HAT RISSE

Da ist mehr Fleiß gefragt: Es wurde nicht lange genug geknetet. Beim Kneten entsteht Klebereiweiß (Gluten – da ist es!), das den Teig stabil und elastisch macht.

### DAS BROT LÄUFT AUSEINANDER

Dann war der Teig zu weich. Mit einer Kastenform (wie bei den Rezepten hier im Buch) kann das nicht passieren. Alternativ muss man noch mehr kneten und ein wenig mehr Mehl zugeben, bis der Teig sich etwas fester anfühlt.

# 5 EINMACHEN
## UND HALTBAR MACHEN

Im Sommer sind die Gemüse- und Obstgärten übervoll: Es sind einfach zu viele Früchte und zu viel reifes Gemüse, als dass man es alles sofort essen könnte. Und wer keinen eigenen Garten hat, der sieht beständig die Angebote auf den Märkten: Komplette Steigen von Obst werden für Schleuderpreise angeboten. Häufig sind die Früchte dann so reif, dass nur eine Verwertung am gleichen Tag sie noch vor

Marmelade oder Kompott lassen sich ohne viel Aufwand selber machen

dem Verderben retten kann. Zum Glück ist die Herstellung von Kompott, Chutneys, Marmeladen, Ketchup und Sirup alles andere als schwierig. Und wieder einmal ist es überraschend, wie viel günstiger und besser eine selbst eingekochte Marmelade doch ist ...

## BASISREZEPT FÜR MARMELADEN

KÜCHE

Hier sollte man auf jeden Fall auf die Qualität des Obstes oder der Beeren achten. Schimmlige und überreife Früchte lohnen der Mühe nicht: Sie schmecken auch nach dem Einkochen immer noch schimmlig – nur ein bisschen süßer. Ideal sind süße, erntereife Früchte, wenn sich eine kleine Druckstelle zeigt, darf man diese gerne ignorieren.

Gelierzucker gibt es mittlerweile in vielen Varianten: Der klassische Gelierzucker wird im Verhältnis 1:1 verarbeitet, man nimmt also gleich viel Zucker wie Früchte. Der Gelierzucker wird aber auch als 2:1 oder gar 3:1 angeboten. Welchen Zucker man verwendet, ist Geschmackssache.

Sicher ist: Je weniger Zucker in der Marmelade ist, desto weniger lange ist sie haltbar. Auf 1 Jahr Haltbarkeit kommen allerdings wirklich alle Marmeladen, wenn sie an einem kühlen, dunklen Ort gelagert werden. Und schließlich sollten sie ja auch bei der Ernte im nächsten Jahr komplett verbraucht sein. Frisch eingekochte Marmelade schmeckt nämlich immer am intensivsten. Es kann sich sogar lohnen, die Früchte geputzt einzufrieren und dann immer wieder neue Marmelade zu machen.

**ZUTATEN:**
1 kg Früchte
1 kg Gelierzucker (bei Gelierzucker 1:1)

## ZUBEREITUNG:

1. Obst waschen und je nach Sorte entkernen und Stiele, Blättchen, Schalen entfernen. In ungefähr gleich große Stücke schneiden und mit dem Zucker in einen Topf geben.
2. 1 Stunde stehen lassen. Die Früchte ziehen durch den Zucker Wasser, beim Aufkochen besteht keine Gefahr des Anbrennens, und die Marmelade wird so aromatischer.
3. Bei sehr süßen Früchten (z. B. Erdbeeren) etwas Zitronensaft zugeben, damit die Marmelade besser geliert. Dann alles unter Rühren aufkochen und im Anschluss einige Minuten sprudelnd kochen lassen.
4. Jetzt ist der Zeitpunkt gekommen, will man weitere Aromen zugeben: Lavendel, Basilikum, Pfefferminze, Ingwer, Schokolade ... Der Fantasie sind keine Grenzen gesetzt, und schon wenige Blättchen (in Streifen geschnitten) sorgen oft für einen raffinierten Geschmack. Wer sich unsicher ist, kann das auch erst mit dem letzten Glas machen: Hier noch eine weitere Zutat dazugeben und dann ausprobieren, ob es schmeckt. Wem die Marmelade jetzt zu stückig ist, der kann sie mit dem Mixer feiner pürieren. Das ist Geschmackssache!
5. Ob mit oder ohne Kräuter: Jetzt sollte man die Gelierprobe machen. Dafür einen kleinen Klecks Marmelade auf einen Unterteller geben und abwarten, ob sie fest wird. Wenn sie nicht fest wird, sollte man die Marmelade weiterköcheln lassen und noch etwas mehr Zitronensaft zugeben.
6. Die sauberen, leeren Marmeladengläser mit heißem Wasser ausspülen und dann randvoll mit der kochenden Marmelade füllen. Den Drehverschluss fest zudrehen und das Glas auf den Kopf stellen: So werden auch an der Innenseite des Deckels alle Keime getötet. Nach einigen Minuten umdrehen und abkühlen lassen. Ein Etikett mit Frucht, Monat und Jahr hat sich bewährt – sonst sucht man im Winter unter all den roten Marmeladen nach der mit der Erdbeere ...

# BASISREZEPT SIRUP MIT FRÜCHTEN

Warum denkt jeder bei dem Wort Sirup sofort an die knall-süßen, künstlich schmeckenden Flüssigkeiten, die so gerne als Grundstoff für Limonaden verkauft werden – und in denen haufenweise Farbstoffe und künstliche Aromastoffe dafür sorgen, dass jeder gute Geschmack auf der Strecke bleibt? Dabei geht das wirklich viel besser und ist auch noch ganz einfach.

**ZUTATEN:**

1 kg vorbereitete Früchte (z. B. Kirschen, Johannisbeeren, Himbeeren, Erdbeeren)

1 kg Zucker

30 g Zitronensäure

**ZUBEREITUNG:**

1. Die Früchte vorbereiten – also waschen und je nach Sorte entstielen, entkernen, entblättern.
2. Früchte mit 500 ml Wasser in einen Topf geben und 5 Minuten köcheln lassen. Danach vollständig abkühlen lassen.
3. Zitronensäure und Zucker einrühren und über Nacht abgedeckt an einem kühlen Ort (z. B. Keller oder Kühlschrank) stehen lassen.
4. Mischung durch ein mit einem Mulltuch oder Windeltuch ausgelegtes Sieb in einen hohen Topf gießen. Die Früchte in dem Tuch gut mit den Händen auspressen.
5. Die Flüssigkeit aufkochen und 5 Minuten sprudelnd kochen lassen.
6. Flaschen mit heißem Wasser ausspülen und den Sirup einfüllen. Kurz auf den Kopf stellen, damit auch die Innenseite des Deckels von Keimen befreit wird, dann umdrehen und abkühlen lassen.

# BASISREZEPT SIRUP MIT BLÜTEN ODER KRÄUTERN

Hier nun das Rezept des berühmten Hollersirups – das geht aber auch mit anderen Blüten (z. B. Mädesüß – wirkt gut gegen Kopfweh bei großer Hitze!). Und mit aromatischen Kräutern wie Minze, Melisse oder Basilikum lässt sich ebenfalls wunderbarer Sirup herstellen.

Der feine Geruch der Holunderblüten wird im Hollersirup gefangen

**ZUTATEN:**
15–20 Holunderblütendolden (oder auch etwa 100–150 g des gewünschten frischen Krauts)
2 kg Zucker
3–4 Biozitronen
50 g Zitronensäure

**ZUBEREITUNG:**

1. Holunderblüten ausschütteln (da leben fast immer noch einige kleine Insekten drin) bzw. die Kräuter vom Stängel zupfen.
2. Den Zucker in 2 l Wasser auflösen und aufkochen lassen. Dann etwas abkühlen lassen (darf noch warm sein).
3. Zitrone heiß abwaschen und in Scheiben schneiden. Zitronenscheiben, Zitronensäure und Holunderblüten (bzw. Kräuter) in den noch warmen Zuckersirup geben und umrühren – alles soll von dem Zuckersirup bedeckt sein.
4. 48 Stunden an einem kühlen Ort stehen lassen. Es gibt Rezepte, denen zufolge er länger stehen soll – aber dann kippt er oft um (der Sirup, nicht der Topf) und wird ungenießbar.
5. Mischung durch ein mit einem Mulltuch oder Windeltuch ausgelegtes Sieb in einen hohen Topf gießen. Die Blüten in dem Tuch gut mit den Händen auspressen.
6. Den Sirup noch einmal sprudelnd aufkochen lassen.
7. Flaschen mit heißem Wasser ausspülen und den Sirup einfüllen. Kurz auf den Kopf stellen, damit auch die Innenseite des Deckels von Keimen befreit wird, dann umdrehen und abkühlen lassen.

Die Sirupe werden je nach Geschmack mit Secco, Sekt oder Selters gemischt. Ein Verhältnis von 1:10 schmeckt wunderbar – aber natürlich kann es jeder mehr oder weniger süß gestalten.

## BASISREZEPT KOMPOTT

Alle heimischen Früchte lassen sich zu einem Kompott verarbeiten. Das schmeckt dann fruchtig-fein zu Pudding,

Milchreis oder einfach so. Außerdem lässt sich auch beim Kompott wunderbar mit Gewürzen experimentieren. Pflaumen oder Birnen mit Zimt sind ein echtes Gedicht …

**ZUTATEN:**
1200 g vorbereitete Früchte
300 g weißer oder brauner Zucker
1 Zitrone

**ZUBEREITUNG:**
1. Die Einmachgläser müssen sterilisiert werden. In der Regel reicht das Waschen in der Geschirrspülmaschine bei 65 °C. Wer ganz sichergehen will, kann die Gläser und die Deckel (nicht die Gummiringe) für 30 Minuten in den Backofen bei 150 °C geben. Danach bis zur Verwendung im Backofen lassen – so ist der Backofen schon vorgeheizt, und die Gläser sind warm.
2. Die Früchte je nach Bedarf entkernen, schälen oder entstielen und in Stücke schneiden (Beeren oder Kirschen natürlich nicht, Pflaumen nur halbieren oder vierteln, Äpfel und Birnen in mundgerechte Stücke). Nach der Vorbereitung sollten die Früchte 1,2 kg wiegen.
3. Den Zucker mit 600 ml Wasser aufkochen lassen. Die Zitrone auspressen und den Zitronensaft zugeben.
4. Die Früchte in die Einmachgläser geben – zwei Einmachgläser à 500 ml sollten ausreichend sein. Wenn gewünscht, kann man zwischen die Früchte eine Zimtstange, Sternanis oder eine aufgeschlitzte Vanilleschote geben. Den Sirup auf die beiden Gläser verteilen und über die Früchte geben. Eventuell mit Wasser auffüllen, die Früchte sollten komplett bedeckt sein. Die Gläser verschließen (bei Schraubverschlüssen nicht zu fest zudrehen!).
5. Ofen auf 170 °C vorheizen (Ober-/Unterhitze). Die Gläser in die Fettpfanne des Backofens geben und die Fettpfanne 3–4 cm hoch mit Wasser auffüllen. Wenn man dabei ein Handtuch unter die Gläser gibt, dann klappert

KÜCHE

es nicht die ganze Zeit. Wenn Luftblasen in den Gläsern aufsteigen, die Temperatur auf 130 °C reduzieren und je nach Gargut 15–30 Minuten fertig kochen. Klar: Eine zarte Himbeere ist sofort fertig, ein fester Apfel benötigt mehr Zeit.

6. Nach der Garzeit den Backofen ausschalten und das Kompott etwa 10 Minuten im Backofen etwas abkühlen lassen. Dann vorsichtig herausheben und vollständig abkühlen lassen. Im kühlen, dunklen Keller hält das Kompott etwa 1 Jahr.

## BASISREZEPT CHUTNEY

Diese süßlich-pikanten Würzsoßen stammen eigentlich aus Indien, sind aber schon lange in unserer Küche angekommen. Sie schmecken perfekt zu herzhaftem Käse wie altem Gouda oder jedem Blauschimmelkäse – und als Würzsoße zu Burgern oder Schinkensandwiches. Das Beste aber ist, dass sie wirklich auch von Anfängern zuzubereiten sind: Eigentlich wirft man alle klein geschnittenen Zutaten in einen Topf und köchelt sie 20 bis 30 Minuten. Wenn eine Zutat nicht vorrätig ist oder man den Geschmack von Ingwer oder Knoblauch nicht leiden kann, dann lässt man sie einfach weg. Und das Chili kann auch so dosiert werden, dass es dem eigenen Schärfeempfinden entspricht.

**ZUTATEN:**
1 kg Pfirsiche (oder Nektarinen, Pflaumen, Mangos, Marillen, Aprikosen, Beeren, Äpfel …)
2 Schalotten oder rote Zwiebel
1–3 Knoblauchzehen
1–2 rote Chili
1 Stück frischer Ingwer

100 g brauner Zucker
75 ml Apfelessig
50 g Rosinen
1 TL Meersalz
½ TL Curry oder Kurkuma

Süß-scharf und fruchtig: Chutneys haben aus Indien den Siegeszug um die Welt angetreten. Exotische Früchte sind nicht nötig

ZUBEREITUNG:

1. Früchte waschen, entsteinen und in mundgerechte Stücke schneiden. Schalotten schälen und würfeln, Knoblauch schälen und in feine Würfel schneiden. Chili waschen, entkernen und in feine Ringe schneiden (dabei besser Handschuhe tragen – wenn man sich danach die Augen reibt, kann das sonst schmerzhaft sein!). Den Ingwer schälen und fein reiben.

2. Alles zusammen mit Essig und Zucker in einen großen Topf geben und vermengen. Rosinen, Salz und Gewürze zufügen. Alles zum Kochen bringen und 20–30 Minuten köcheln lassen. Das Chutney ist fertig, wenn man den Holzlöffel über den Topfboden zieht und keine Flüssigkeit mehr sieht. Andernfalls einfach weiterköcheln lassen.

3. Das Chutney in Marmeladengläser füllen, verschließen und abkühlen lassen. Das volle Aroma erreicht ein Chutney erst nach 3 bis 4 Wochen, wenn all die verschiedenen Geschmacksrichtungen sich perfekt verbunden haben. Man kann es aber natürlich auch sofort verwenden. An einem kühlen, dunklen Ort hält es mindestens 6 Monate.

# BASISREZEPT KETCHUP

Pommes, Würstchen oder Nudeln mit Ketchup? Wunderbar – die einfachen Gerichte sind nicht zu schlagen. Vor allem, wenn man Kinder fragt. Richtig erschreckend wird es allerdings, wenn man die Inhaltsstoffe der Fertigprodukte liest. Da sind Tomaten drin, sicher. Aber vor allem ein riesiger Haufen Zucker. Das lässt sich vermeiden: Man kann seinen Ketchup einfach selber machen. Und selbst wenn gerade nicht Tomatenzeit ist: Die Tomaten aus der Dose enthalten häufig sogar mehr Lycopin als die Ware aus dem Supermarkt – sie werden meistens direkt nach der Ernte verarbeitet. Lycopin ist zuständig für die rote Farbe und ein sehr guter Radikalenfänger. Achtung: Gemeint sind die Dosen, in denen nur Tomaten sind, nicht die fertigen Pizzasoßen aus der Dose!

## ZUTATEN:

1 kg vollreife Tomaten
1 Schalotte
2 Knoblauchzehen
1 rote Paprika
2 EL Olivenöl
4 Pimentkörner
1 Gewürznelke
1 Lorbeerblatt
3 EL brauner Zucker
100 ml Apfelessig

## ZUBEREITUNG:

1. Tomaten waschen, vom Stielansatz befreien und würfeln. Schalotte schälen und würfeln. Knoblauchzehe schälen und fein würfeln. Paprika waschen, entkernen und würfeln.
2. Zwiebel-, Knoblauch- und Paprikawürfel im heißen Öl 3–4 Minuten anbraten. Piment, Nelke und Lorbeerblatt dazugeben und kurz mit anschwitzen, dann Tomaten und Zucker zugeben.
3. 25–30 Minuten köcheln lassen, immer wieder umrühren. Dann den Essig zugeben und weitere 5 Minuten köcheln lassen. Den Ketchup durch ein feines Sieb streichen, dann erneut aufkochen lassen und mit Salz und Zucker abschmecken.
4. Ketchup in saubere, heiß ausgespülte Flaschen geben und gut verschlossen abkühlen lassen. Aufbewahrt an einem kühlen dunklen Ort, hält er sich etwa 6 Monate.

# BASISREZEPT SAURE GURKEN – UND ANDERES EINGELEGTES GEMÜSE

Nicht nur das Obst ist im Spätsommer überreichlich vorhanden – auch vom Gemüse ist zum Höhepunkt der Erntezeit mehr vorhanden, als man essen könnte. Eine leckere Sache ist dann das eingelegte Gemüse. Allen voran die sauren Gewürzgurken – aber auch alle anderen Gemüsesorten eignen sich dazu, sie sauer einzulegen und dann im Winter zu genießen. Was könnte schöner sein, als sich beim Silvesterraclette mit Mixed Pickles an den letzten Sommer zu erinnern …

**ZUTATEN:**
1 kg Gurken oder Zucchini (oder anderes Gemüse wie Tomaten, Paprika, Möhren etc.)
2 EL Meersalz

Sauer eingelegt ist Gemüse bis in den Winter hinein haltbar – und schmeckt gut zum Silvester-Raclette

500 ml Apfelessig
1 TL schwarze Pfefferkörner
3–4 Stängel frischer Dill
1 EL gelbe Senfkörner
100 g Zucker
Nach Geschmack: Chili oder Zwiebel

ZUBEREITUNG:
1. Gurken oder Zucchini gründlich waschen und in 0,5 cm dicke Scheiben schneiden. Oder kleine Einlegegurken waschen und einige Male mit einer Gabel einstechen. Sehr festes Gemüse (wie Möhren) im kochenden Wasser 5 Minuten garen – es sollte noch sehr bissfest sein.
2. Die Gurken oder die Zucchini (oder anderes Gemüse) in eine Schüssel geben und mit kaltem Wasser bedecken, dann das Salz unterrühren. So bleibt das Gemüse auch nach dem Einlegen noch bissfest.
3. Gurken (oder anderes Gemüse) in einem Sieb abseihen und abtropfen lassen.
4. Einweckgläser (am besten mit Drehverschluss) sterilisieren: Entweder in der Spülmaschine bei 65 °C waschen oder im Backofen 30 Minuten bei 150 °C stehen lassen.
5. Essig, Gewürze und Zucker in einem Topf erwärmen, bis sich der Zucker aufgelöst hat.
6. Gurken (oder Gemüse) möglichst dicht in die Einweckgläser geben. Mit dem Einlegeessig komplett bedecken und bis zum Rand auffüllen. Rand mit einem Küchentuch abwischen und fest verschließen. Das Gemüse ist an einem kühlen, dunklen Ort (wie dem Keller) 6 Monate haltbar. Wenn das Glas einmal geöffnet ist, dann sollte es im Kühlschrank aufbewahrt werden.

KÜCHE

# 6 RESTEVERWERTUNG

Egal, wie gut und weitblickend man beim Einkaufen und Kochen plant: Es kommt immer wieder vor, dass etwas übrig bleibt und im Kühlschrank auf einen weiteren Einsatz wartet. Die meisten Reste sind auch viel zu schade für die Tonne. Im Gegenteil: Sie lassen sich oft mit wenigen Handgriffen zu einem neuen, leckeren Gericht verarbeiten.

## BROT UND BRÖTCHEN

Wenn Brot und Brötchen nur noch für Nagetiere lecker sind, dann sind sie noch lange nicht verloren. Am einfachsten kann man steinhartes Brot natürlich zu Semmelbröseln verarbeiten. Dafür wird das Bot einfach im Hochleistungsmixer zerkleinert oder auf der Küchenreibe fein gerieben. Danach in einem trockenen Schraubglas lagern, bis wieder Semmelbrösel im Rezept stehen.

### SEMMELKNÖDEL

Eine weitere leckere Verwertung sind selbst gemachte Semmelknödel – die natürlich auch aus Weißbrot oder Brezeln sein können. Und die Zubereitung ist gar nicht schwer.

## ZUTATEN:

250 g altbackene Brötchen
150 ml Milch
1 Prise Salz
Etwas frisch gemahlener Pfeffer
2 Stängel Petersilie (kann auch weggelassen werden, wenn man keine Petersilie mag)
1 Ei
Muskatnuss
1 kleine Zwiebel
30 g Butter

## ZUBEREITUNG:

1. Brötchen in Würfel oder Scheiben schneiden und in eine Schüssel geben. Milch aufkochen und darübergießen. Salzen und pfeffern. Die Blättchen der Petersilie abzupfen, klein schneiden und untermengen. Das Ei unter die Masse mischen, alles mit etwas geriebener Muskatnuss abschmecken.
2. Zwiebel schälen und fein würfeln. In einer Pfanne die Butter zerlassen und die Zwiebel etwas andünsten. Butter und Zwiebeln zu der Knödelmasse geben und alles verkneten. Etwa 1 Stunde ruhen lassen.
3. In einem großen Topf Salzwasser aufkochen lassen. Aus der Knödelmasse mit nassen Händen Knödel formen. Wenn die Masse zu weich ist, Semmelbrösel zugeben. Wenn sie zu trocken ist, etwas Milch zugeben.
4. Die Knödel in das Salzwasser gleiten lassen und bei kleiner Hitze 10–15 Minuten sieden lassen. Mit der Schaumkelle herausheben und abtropfen lassen.

## TIPP:

Die Semmelknödel können auch noch mit angebratenem Speck verfeinert werden – oder für Vegetarier mit Blattspinat und Knoblauch. Sie schmecken einfach mit Butter und Parmesan oder zu einer Pilzsoße – und natürlich als Beilage zu Ragout, Gulasch oder jedem Fleisch.

# SÜßER BROTAUFLAUF

Für diesen Auflauf kann man sogar die Reste von süßem Hefezopf verwerten – und genau das Obst dazu essen, das man am liebsten mag oder das gerade so dringend wegmuss wie das alte Brot. Ganz wichtig: Nie zu wenig Milch über das Brot geben, sonst wird alles trocken und geschmacklos.

## ZUTATEN:

40 g Butter
500 g altes Brot, Brötchen, Hefegebäck
500 g Äpfel, Bananen, Kirschen (aus dem Glas), Beeren oder was immer man möchte
1 l Milch
Nach Geschmack: Zucker, Vanillezucker und Zimt
3–4 Eier
40 g Butter
Nach Geschmack: Rosinen oder Mandelstifte
½ Packung Vanillepudding

## ZUBEREITUNG:

1. Backofen auf 190 °C vorheizen. Auflaufform mit der Butter einfetten.
2. Brot in Scheiben schneiden und abwechselnd mit dem in Stücke geschnittenen Obst in die Auflaufform schichten. Wer möchte, gibt zum Obst noch Rosinen oder Mandeln. Die oberste Lage sollte Brot sein.
3. 3–4 Eier mit 700 ml Milch verquirlen, Zucker, Vanillezucker und Zimt zugeben. Die Flüssigkeit über das Brot geben. Das Brot muss komplett bedeckt sein. Evtl. noch Butterflocken oder Mandelstifte über den Auflauf geben.
4. Rund 40 Minuten im Backofen backen. In der Zwischenzeit den Vanillepudding mit 300 ml Milch zu einer Soße kochen. Den fertigen Brotauflauf mit der Vanillesoße servieren und beides warm genießen.

Entscheidend für den Geschmack: Ausreichend Milch

**TIPP:**

Hier geht wirklich alles – solange Brot, Milch und Eier dabei
sind. Getrocknete Cranberries, alle Arten von Nüssen oder
Samen, Gewürze von Anis bis Zimt, jedes Obst … Einfach
ausprobieren, was am besten schmeckt!

# KARTOFFELN

Gekochte Kartoffeln sind die Grundlage für viele andere Gerichte. Eigentlich ein guter Grund, immer ein paar Knollen zu viel zu kochen …

## BRATKARTOFFELN

**ZUTATEN:**
500 g gekochte Kartoffeln
30 g Butterschmalz
Salz
Pfeffer aus der Mühle
50 g Butter
evtl. 2–3 Stängel Petersilie (oder Thymian, Majoran, Oregano)

**ZUBEREITUNG:**
1. Kartoffeln pellen (wenn sie noch nicht geschält sind) und in etwa 3 mm dicke Scheiben schneiden. Die Zwiebel schälen und fein würfeln.
2. Butterschmalz in einer Pfanne erhitzen, die Kartoffelscheiben darin in 6–8 Minuten goldbraun braten. Dabei eher selten und immer vorsichtig mit einem Spatel wenden. Wer zu oft wendet, bekommt gebratenen Kartoffelbrei!
3. Wenn die Bratkartoffeln anfangen, goldbraun zu werden, die Zwiebel dazugeben und 3–4 Minuten mitbraten.
4. Bratkartoffeln mit Salz und Pfeffer würzen. Die Butter dazugeben und dann (nach Geschmack) die klein geschnittenen Kräuter hinzufügen. Natürlich schmecken die Bratkartoffeln auch ohne Kräuter.

# KARTOFFELKLÖßE

Diese Klöße aus gekochten Kartoffeln schmecken ebenfalls wunderbar. Und wenn dann immer noch Klöße übrig sind – dann kann man auch gebratene Kloßscheiben servieren.

**ZUTATEN:**
900 g gekochte Kartoffeln
3 Eigelbe
75 g Kartoffelstärke
50 g Butter
Salz
Pfeffer
Muskat

**ZUBEREITUNG:**
1. Kartoffeln pellen (wenn sie noch nicht geschält sind) und zweimal durch die Kartoffelpresse drücken. Danach mit den Eigelben, Kartoffelstärke und flüssiger Butter vermischen. Masse mit Salz, Pfeffer und Muskat würzen.
2. In einem großen Topf gesalzenes Wasser zum Kochen bringen. Mit nassen Händen Klöße formen und im siedenden Wasser (darf nicht mehr kochen) ca. 15 Minuten ziehen lassen. Mit der Schaumkelle herausnehmen und abtropfen lassen.

**TIPP:**
Die Kartoffelklöße schmecken zu Ragout, Gulasch oder auch einer Pilzsoße.

# GNOCCHI

Die italienischen Klößchen sind ein besonderer Genuss – und schmecken lecker zu jeder Soße, die auch zu Nudeln passt. Oder aber nur mit Butter, Parmesan und ein paar Kräutern.

### ZUTATEN:

500 g gekochte Kartoffeln
Salz
50 g Ricotta
2 Eigelb
150 g Mehl
50 g Hartweizengrieß
1 EL Kartoffelmehl
Salz
Pfeffer
Muskat

### ZUBEREITUNG:

1. Kartoffeln pellen (wenn sie noch nicht geschält sind) und durch eine Kartoffelpresse drücken. Mit Ricotta, Eigelben, Mehl, Grieß und Kartoffelmehl zu einem Teig verarbeiten. Mit Salz, Pfeffer und Muskatnuss kräftig würzen.

Mit einer Gabel erhalten die Gnocchi ihr typisches Aussehen

2. Gnocchi auf einer bemehlten Fläche zu fingerdicken Rollen formen. Diese in 3 cm große Stücke schneiden, zwischen den Handflächen oval formen und mit einer Gabel einkerben.
3. In einem Topf reichlich gesalzenes Wasser zum Kochen bringen. Die Gnocchi hineingeben und 3–4 Minuten im siedenden Wasser (darf nicht mehr kochen) garen. Dann mit einer Schaumkelle herausheben und abtropfen lassen.
4. Die Gnocchi entweder direkt zu einer Nudelsoße servieren – oder vorher in Butterschmalz anbraten.

# NUDELN

Irgendwie bleiben fast immer Nudeln übrig. Wahrscheinlich liegt das daran, dass Spaghetti und Co. in der Packung immer nach wahnsinnig wenig Essen aussehen. Nach dem Kochen ist dann ein riesiger Topf gefüllt mit dampfenden, herrlichen Nudeln. Auch hier gilt: Da lässt sich noch einiges draus machen. Die einfachste Regel kommt in allen Restaurants zum Einsatz: Man kann gekochte kalte Nudeln in kochendes Salzwasser geben. Nach 30 Sekunden abgießen – und sie sind wieder wie frisch gekocht. Hin und wieder möchte man aber nicht schon wieder Nudeln mit Soße essen. Da gibt es immer noch einige andere Rezepte...

## EINFACHER NUDELSALAT

Wahrscheinlich gibt es in jeder Familie ein »bestes« Rezept. Wieder einmal gilt: Es darf alles rein, was für Geschmack sorgt. Hier ist ein ganz schnelles Rezept, das vor allem bei Kindern beliebt ist.

**ZUTATEN:**

300 g gekochte Nudeln (Farfalle, Spaghetti, Spirelli, Fusilli, Penne – die Sorten dürfen sogar gemischt sein)
200 g Cocktailtomaten
1 Mozzarella
2–3 Zweige Basilikum
50 g Parmesan
3–4 EL Olivenöl
1–2 EL Aceto bianco
½ TL Salz
frisch gemahlener Pfeffer
1 Prise Zucker
nach Geschmack: Oliven, gebratene Paprika, eingelegte getrocknete Tomaten, gebratene Zucchini, Mais aus der Dose

**ZUBEREITUNG:**

1. Cocktailtomaten halbieren. Mozzarella in Würfel schneiden. Basilikum waschen, trocken schütteln, Blättchen abzupfen und in Streifen schneiden. Parmesan reiben. Alles zu den Nudeln geben.
2. Dressing aus Öl, Essig, Salz, Pfeffer und Zucker herstellen und über die Nudeln geben. Alles vermengen und abschmecken.

## GEBRATENE NUDELN

Leicht asiatisch angehaucht kann auch hier fast jedes Gemüse mit hinein. Am besten alles, was im Gemüsefach schon länger auf seine Verwertung wartet.

**ZUTATEN:**

300 g gekochte Nudeln (jede Form und jede Art erlaubt)
1 kleine Zwiebel
1–2 Knoblauchzehen
1–2 rote Chili
1 kleines Stück frischer Ingwer
1–2 Möhren

1 kleiner Chinakohl
100 g Sojasprossen
3–4 EL Sesam- oder Erdnussöl
2 EL Sojasoße

### ZUBEREITUNG:

1. Zwiebel und Knoblauch schälen und würfeln. Chili waschen, entkernen und in feine Ringe schneiden (am besten dünne Handschuhe dafür anziehen – es brennt sonst höllisch, wenn man sich anschließend aus Versehen die Augen reibt). Ingwer schälen und reiben. Möhren schälen und in feine Scheiben schneiden. Chinakohl halbieren, Strunk entfernen und in Streifen schneiden. Sojasprossen im Sieb abwaschen und trocken schütteln.

2. Öl und Sojasoße in einer breiten, tiefen Pfanne (oder einem Wok) erhitzen. Zwiebeln, Ingwer und Knoblauch dazugeben, kurz rühren, dann weiteres Gemüse dazu-

Ganz einfach und unschlagbar lecker: Nudelsalat mit Mozzarella und Tomaten

geben und unter Rühren kräftig anbraten. Wenn es noch bissfest ist, die Nudeln zugeben, weiter kräftig rühren – je nach Geschmack noch mehr Sojasoße oder Öl zugeben. Sofort servieren.

**TIPP:**
Wer möchte, kann danach auch noch zwei verquirlte Eier über die Nudeln geben. Kurz weiterrühren, bis die Eier gestockt sind, dann servieren. Dazu schmeckt die handelsübliche »Süße Chilisoße« (oder auch das selbst gemachte Ketchup).

# FLEISCH UND FISCH

Sicher, Fleisch oder Fisch kann man einfach kalt essen. Egal ob Rind, Schwein, Geflügel oder Lachs – die Filetstücke schmecken auch in Würfeln oder dünnen Scheiben im Salat oder zum Brot. Aber es gibt auch die weniger appetitlichen Teile. Und die müssen nicht im Müll landen, sondern sind sehr viel besser in einem Rillette aufgehoben. Eigentlich ist das ein Aufstrich aus Frankreich, in dem vor allem Gans, Ente oder Kaninchen verarbeitet werden. Aber das Rezept funktioniert auch mit allen anderen Fleischsorten.

## BASISREZEPT RILLETTE

**ZUTATEN:**
300 g gegartes Fleisch oder Fisch
125 g Gänse- oder Schweineschmalz
1 EL Thymianblättchen (oder ganz nach Geschmack andere, eher trockene Kräuter)
Salz, Pfeffer

**ZUBEREITUNG:**

1. Das gegarte Fleisch vom Knochen (oder den Gräten) lösen und fein schneiden. Das kann auch das Fleisch am Knochen und zwischen den Rippen sein (wenn man beim Geflügel nur Brustfilets und Keule serviert hat, dann ist da einiges übrig). Genauso bei den anderen Tieren: Hier kann jedes Fleisch, das man von den Knochen/Gräten lösen kann, verwendet werden.
2. Das Schmalz in einem Topf schmelzen. Salzen, pfeffern und nach Belieben Kräuter hinzufügen.
3. Mit einem Rührbesen oder einem Rührgerät kräftig aufschlagen und dann das Fleisch dazugeben. Falls vorhanden noch 1–2 EL Bratensoße hinzufügen. In saubere Schraubgläser füllen, abkühlen lassen. Im Kühlschrank aufbewahren – das Rillette hält sich etwa 2 Wochen lang und schmeckt besonders gut auf frischem, dunklem Brot.

## SCHOKOLADE

Wie kann Schokolade »übrig bleiben«? Man isst sie – und damit ist nichts mehr übrig. Das stimmt. Aber es sieht etwas anders aus, wenn kurz vor Ostern noch die Weihnachtsmänner im Schrank stehen, oder umgekehrt die Osterhasen noch durch die Adventszeit hoppeln. So richtig mag die dann keiner mehr essen. Höchste Zeit, sie einer neuen Verwendung zuzuführen. Die einfachste Lösung: Die Hasen und Weihnachtsmänner werden zerbrochen und im Wasserbad mit 1 TL Kokosöl geschmolzen. Danach kann die geschmolzene Schokolade als Glasur für Kuchen oder Plätzchen verwendet werden. Noch einfacher sind Plätzchen oder Rührkuchen mit Schokoladenchips. Dafür die Figuren in eine kleine Plastiktüte (z. B. zum Einfrieren) geben und dann mit einem Nudelholz so lange darüberrollen, bis die Chips die richtige Größe haben. Danach wie die üblichen Chips oder Streusel aus dem Handel verwenden.

Schokolade wird mit etwas Kokosöl zu einer knackigen Glasur

# GARTEN

## 1 DIE NATUR IM JAHRESLAUF
### – DER PHÄNOLOGISCHE KALENDER

Vier Jahreszeiten stehen in unseren Kalendern. Aber leider: Die Natur hält sich nur selten daran. Wenn am 1. März der meteorologische Frühling beginnt, dann herrscht in vielen Jahren noch Frost und Eis im Garten. Und beim kalendarischen Frühlingsbeginn am 20. oder 21. März ist es häufig nicht sehr viel besser. Auch beim kalendarischen Winterbeginn am 21. oder 22. Dezember fühlt es sich oft genug schon eine ganze Weile wie Winter an …

In der Phänologie gibt die Natur den Takt vor – und zeigt genau, was jetzt zu tun ist: Wenn eine bestimmte Zeigerpflanze ihre Blüten öffnet oder reif wird, dann markiert sie den Beginn einer neuen Jahreszeit. Der Start kann von Jahr zu Jahr zu einem anderen Zeitpunkt sein. Ein milder Winter sorgt für einen frühen Start in den Vorfrühling im Januar, in manchen Jahren oder in rauen Gebirgsgegenden kann sich der Winter bis Ende April ziehen. Der Vergleich über Jahre hinweg macht den phänologischen Kalender so spannend: Generell ist die Vegetationszeit in Deutschland heute 2 bis 3 Wochen länger als noch zur Zeit unserer Großeltern. Gleichzeitig ist der Winter kürzer geworden.

Hier sind die zehn Jahreszeiten mit ihren Zeigerpflanzen – und den dazugehörigen Arbeiten im Garten und auf dem Balkon:

## VORFRÜHLING

Er beginnt, wenn Schneeglöckchen, Hasel und Märzenbecher anfangen zu blühen.

Jetzt sollten Gärtner die Beete vorbereiten, den Kompost ausbringen und Gründünger wie Spinat oder Senf säen. Empfindliche Sommerblüher mit langer Entwicklungszeit können im Haus vorgezogen werden (z. B. Pelargonie, Petunie, Edelwicke, Löwenmaul, Tagetes, Sommernelke, Ziertabak, Glockenrebe). Unempfindliche Sommerblüher sollten im Beet ausgesät werden (z. B. Ringelblume, Kornblume, Goldmohn, Schleifenblume, Jungfer im Grünen, Klatschmohn). Dahlien, Knollenbegonien und Gladiolen können jetzt vorgetrieben werden. Im Vorfrühling werden empfindliche Gehölze wie Rhododendron und Immergrün gepflanzt. Alle Obstgehölze außer Kiwi und Wein werden jetzt gepflanzt.

An frostfreien Tagen findet die letzte Ernte von Kohl, Lauch und Feldsalat des Vorjahres statt. Im Freien werden robuste Gemüsesorten wie Spinat, Rettich, Pastinake, Möhren, Petersilie, Mairübe und Pflücksalat gesät. Empfindliche Sorten (Tomate, Sellerie, Paprika, Kohlrabi, Aubergine, Sommerlauch) sollten im Haus vorgezogen werden.

Für Balkon und Terrasse werden jetzt die Kübelpflanzen wieder hell gestellt, zurückgeschnitten, umgetopft und leicht gedüngt.

# ERSTFRÜHLING

Sein Start wird von der Blüte der Forsythie markiert. Auch die ersten Blätter von Buche und Birke können als Kennzeichen verwendet werden. Er endet mit dem Blühbeginn von Löwenzahn.

Jetzt sollte im Garten der Kompost umgesetzt werden, Nisthilfen können bereitgestellt und Schmetterlingspflanzen ausgesät werden.

Dahlien und Gladiolen sowie andere sommerblühende Zwiebelpflanzen dürfen gegen Ende des Erstfrühlings ins Freie gesetzt werden (am besten nach den Eisheiligen). Rosen werden angehäufelt, geschnitten und gedüngt. Im Freien kann man Mädchenauge, Sonnenblume, Bechermalve, Duftsteinrich, Kapuzinerkresse, Strohblume und Tagetes säen. Jetzt die Astern teilen.

Aussaat im Frühbeet von Blumenkohl, Brokkoli, Kohlrabi, Kopfsalat, Zucchini, Rosenkohl und einjährigen Küchenkräutern. Aussaat im Freien von Pflücksalat, Möhren, Mangold, Radieschen, Chicorée, Spinat. Vorgezogenes Gemüse wie Kopfsalat, Kohlrabi und Sommerlauch darf ins Freie. Jetzt sollten Grünspargel und Kartoffeln gepflanzt werden. Der Rasen sollte im Erstfrühling vertikutiert, nachgesät und ausgebessert werden.

Erste Kübelpflanzen wie Oleander und Schmucklilie können ins Freie (auf die Eisheiligen achten).

# VOLLFRÜHLING

Er startet mit der Blüte von Flieder, Apfelbäumen und Rosskastanie. Sein Ende zeigt die Himbeerblüte.

Generell sollten Gärtner jetzt die Beete mulchen, biologische Pflanzenpräparate (siehe Kapitel »Natürlicher Dünger«) ansetzen, die Schneckenbekämpfung beginnen (siehe Kapitel »Natürliche Bekämpfung von Schädlingen«) und hochwachsende Pflanzen und Kletterpflanzen anbinden. Der Rasen sollte jetzt ab einer Wuchshöhe von 8 cm regelmäßig gemäht werden. Vorgezogene Sommerblumen dürfen ins Freie (evtl. nach den Eisheiligen), Zierkürbis und Schmuckkörbchen können im Freien ausgesät werden.

Vorgezogenes Gemüse wie Salate, Sommerlauch und Küchenkräuter dürfen ins Freie, nach den Eisheiligen folgen Tomaten, Paprika, Zucchini und Auberginen. Bodentriebe bei den Himbeeren sollten entfernt und Erdbeerbeete gemulcht werden.

Nach den Eisheiligen kann der Balkon bepflanzt werden, und die letzten Kübelpflanzen dürfen nun ins Freie.

# FRÜHSOMMER

Die Blüte des Schwarzen Holunders und der Blütehöhepunkt von Wiesen und Getreidefeldern zeigen diese Jahreszeit an. Der Frühsommer endet mit der Reife der Erdbeeren.

Jetzt müssen Prachtstauden und starkzehrende Balkonpflanzen gedüngt werden. Der Rittersporn sollte nach der

Blüte zurückgeschnitten werden, die Bart-Iris wird geteilt und umgepflanzt. Vor dem Hochsommer ist der letzte Termin zur Rosendüngung. Zweijährige Zierblumen sollten jetzt gesät werden (z. B. Stockrosen, Fingerhut, Bartnelken, Königskerzen, Goldlack).

Wer im Winter ernten möchte, muss jetzt späte Kohlsorten säen (Brokkoli, Grünkohl, Rosenkohl) – ansonsten werden Folgesaaten wie Bohnen, Sommerradieschen, Sommersalate und Zuckerhut vorgenommen.

Auf dem Balkon müssen anspruchsvolle Balkonpflanzen gedüngt und häufig gegossen werden.

## HOCHSOMMER

Diese Jahreszeit wird durch die Reife der Roten Johannisbeeren gekennzeichnet. Ebenso blühen die Sommerlinden. Der Hochsommer endet mit der Reife der Sauerkirsche.

Jetzt sollten Gärtner die Beete regelmäßig hacken (erspart das Gießen), Gründüngung auf leere Beete ausbringen und vermehrt Blattläuse und Dickmaulrüssler bekämpfen (siehe »Natürliche Bekämpfung von Schädlingen«). Bereits verblühte Stauden werden geteilt, Rittersporn, Lupinen und Phlox werden zurückgeschnitten. Für das kommende Jahr werden Stauden wie Tränendes Herz, Glockenblumen, Lerchensporn und Lupinen gesät. Herbstastern, Sonnenhut, Malven und noch blühender Phlox sollten aufgebunden werden.

Ableger von Erdbeeren können gewonnen, eingepflanzt und die Beete für das kommende Jahr angelegt werden. Buchs und Liguster in Form schneiden, Beerensträucher nach der Ernte zurückschneiden.

Balkonblumen ausputzen, damit sie weiter üppig blühen.

## SPÄTSOMMER

Wenn Ebereschen reif sind und das Heidekraut blüht, dann beginnt diese Jahreszeit. Sie endet mit dem Abschluss der Getreideernte.

Jetzt endet allmählich im Garten die Düngezeit, bei Kübelpflanzen sollte die Düngung vollständig eingestellt werden. Mit Steinhaufen und Holzhaufen Unterschlüpfe für Nützlinge schaffen.

Jetzt werden empfindliche Zwiebelblumen wie Kaiserkronen, Steppenkerze oder Madonnenlilie für das kommende Jahr gepflanzt – ebenso wie Koniferen und Christrosen. Die Zwiebeln für Winterlinge und Schneeglöckchen kommen im Spätsommer in die Erde. Sommerflieder regelmäßig schneiden, um die Blütezeit zu verlängern.

Im Nutzgarten sollten Tomaten regelmäßig ausgegeizt werden. Außerdem sollten sie mit Brennnesseljauche (siehe »Natürlicher Dünger«) versorgt werden. Herbstsalate, Kohlrabi, Blumenkohl und Lauch nach Bedarf pflanzen. Abgeerntete Himbeerruten bodennah abschneiden. Aussaat von Winterkresse, Feldsalat, Spitzkohl, Teltower Rübchen.

## FRÜHHERBST

Der Schwarze Holunder wird reif. Herbstzeitlose blühen.

Aussaat des letzten Gründüngers auf leeren Beeten. Frühjahrsblühende Zwiebelgewächse und Lilien, Stauden und Gehölze pflanzen. Dahlien hochbinden und wässern für eine lange Blüte. Rasen aus- und nachsäen. Anfallendes Laub zum Mulchen sammeln.

Sträucher und Spalierobst in Form schneiden. Stecklinge von Beerenobst schneiden. Rhabarber pflanzen. Lauch anhäufeln.

Erste Kübelpflanzen einwintern.

## VOLLHERBST

Die Quitten und Rosskastanien sind reif, und das Laub ist verfärbt.

Der Rasen wird das letzte Mal gemäht, danach wird der Rasenmäher winterfest gemacht. Den Boden abgeräumter Beete auflockern und mit Mulch bedecken. Nicht winterharte Zwiebeln aus dem Boden nehmen und einlagern (Dahlien, Gladiolen, Montbretien, Freesien). Letzte Zwiebelpflanzen setzen (Tulpen, Narzissen). Jetzt ist die Pflanzzeit für Rosen, Gehölze, Stauden und alle Kaltkeimer (die meisten alpinen Pflanzen benötigen Minustemperaturen, um anschließend keimen zu können).

Frostempfindliche Salate mit Folie schützen. Obstgehölze pflanzen. Kürbisse ernten. Leimringe gegen Frostspanner anbringen. Gartenteich und Nistkästen säubern.

Auf dem Balkon ist jetzt eine gute Zeit für eine Winterbepflanzung.

GARTEN

# SPÄTHERBST

Das ist die Zeit der fallenden Blätter.

Jetzt wird das Wasser abgestellt, Geräte werden gereinigt und eingewintert. Rosen werden angehäufelt, frisch gepflanzte Gewächse mit einer Mulchschicht überzogen und Winterschutz an Kletterrosen, Hochstammrosen, Ziergräsern und empfindlichen Stauden angebracht. Achtung: Unbedingt immergrüne Pflanzen weiter gießen, jetzt und im Winter ist die Gefahr der Frosttrocknis groß. Alpine Stauden (Kaltkeimer) säen.

Schnittlauch ausgraben und eintopfen. Kübelpflanzen einwintern, Teiche winterfest machen.

Auf dem Balkon sollten jetzt letzte Arbeiten zur Wintervorbereitung abgeschlossen werden.

# WINTER

Die längste Jahreszeit wird von der Christrosenblüte eingeläutet, sie endet mit dem Blühbeginn der Hasel.

An frostfreien Tagen immergrüne Gewächse gießen. Winterschnitt von Obstbäumen, Kalkanstrich bei den Stämmen. Überwinternde Gemüse wie Feldsalat und Spinat mit Fichtenzweigen oder Vlies schützen. Rosenkohl, Pastinaken, Topinambur und Grünkohl im Freien lassen und nach Bedarf ernten.

Spätblühende Klematis schneiden. Kresse und Keimsprossen im Haus säen, Kräuter auf der Fensterbank ziehen.

# 2 START IN DIE GRÜNE SAISON
## – SÄEN, VORZIEHEN, AUFZIEHEN

Wenn noch alles im Garten frostig und trist erscheint, dann ist es die perfekte Zeit, um an das kommende Jahr zu denken. Etwa Ende Februar lohnt sich ein Blick auf das Saatgut des Vorjahres: Welche Pflanzen sollen im kommenden Jahr im Garten wachsen? Und: Ist das Saatgut überhaupt noch keimfähig?

Die KEIMFÄHIGKEIT lässt sich mit einem einfachen Test überprüfen: Am besten die Samen in ein Glas Wasser geben. Wenn sie oben auf dem Wasser schwimmen, dann sind

Im Frühling wird die Sehnsucht nach bunten Blüten groß: Zeit, sich um die Aussaat zu kümmern

sie höchstwahrscheinlich längst ausgetrocknet und taugen nicht einmal mehr als Vogelfutter. Wenn sie untergehen, dann kann man sie aussäen – oder aber noch einen zweiten, genaueren Test machen. Dafür werden einige der Samen auf ein wenig feuchte Watte oder Küchenpapier gestreut und dann in ein großes, verschlossenes Glas gegeben. Schon nach wenigen Tagen sollten sich das erste Keimblatt und ein kleiner Wurzelspross zeigen.

## VORZIEHEN

Mit dem gesunden Saatgut kann man dann an das Vorziehen gehen. Der Vorteil gegenüber der direkten Aussaat ins Freiland liegt auf der Hand: Die Pflänzchen, die auf dem Fensterbrett oder im Wintergarten schon ein wenig größer und widerstandsfähiger geworden sind, haben einen Vorsprung. Sie werden früher Früchte oder Blüten haben – und sind bei einem späten Kälteeinbruch oder Starkregen sehr viel widerstandsfähiger. Zum Vorziehen ist auch keine besondere Vorkenntnis nötig, wenn man einige Regeln beachtet. Wichtig ist die Verwendung von Anzuchterde ohne Dünger (wie in normaler Blumenerde) oder Pilzsporen (wie sie in Erde aus dem Blumenbeet vorkommen). Anzuchttöpfchen lassen sich schnell aus Eierkartons oder Zeitungspapier herstellen.

Für die Töpfchen aus Zeitungspapier eine doppelte Zeitungsseite mehrmals zu einem etwa 15 cm hohen Streifen falten. Diesen Streifen um eine schmale Flasche legen und mit einem einfachen Garn fixieren. Den Boden umfalten – und schon ist der einfache Anzuchttopf fertig. Der Vorteil: Die vorgezogenen Pflanzen können mitsamt dem Topf im Freien in die Erde gepflanzt werden. Die Zeitung oder der Eierkarton verrotten, und die kleine Pflanze wird beim Umpflanzen nicht an den Wurzeln verletzt.

# BEIZEN

Zusätzlich lässt sich die kleine Pflanze durch ganz bestimmte Beizen bereits vor der Aussaat schützen. Dabei wird das Saatgut in einen kleinen Beutel aus Mull oder Gaze gegeben und für etwa 1 Stunde in der Beize eingelegt. Danach die Samen vorsichtig trocknen und in den nächsten 2 bis 4 Stunden aussäen. Als Beize eignen sich unterschiedliche Rezepte. MEERRETTICHBEIZE wirkt gegen die Umfallkrankheit bei Gemüse- und Blumensämlingen. Dafür 100 g Meerrettich klein hacken und 24 Stunden in 1 l handwarmem, abgekochtem Wasser ziehen lassen. Anschließend gut umrühren, abseihen und verwenden.

KNOBLAUCHBEIZE eignet sich für alle Pflanzen, die anfällig für Befall durch Pilzerkrankungen sind. Dafür 100 g klein gehackten Knoblauch in 1 l abgekochtem, handwarmem Wasser 24 Stunden ziehen lassen. Anschließend umrühren, abseihen und verwenden. Vorsicht: Kohl, Erbsen, Bohnen und Lupinen mögen keinen Knoblauch – sie keimen besser nach einem KAMILLENBAD. Für ein Kräuterbad 8 TL der Kräuter (Kamille, Schachtelhalm, Baldrianblüten) in 1 l aufgewärmtem Regenwasser für etwa 3 Stunden ziehen lassen. Dann abseihen und verwenden.

Traditionell werden Samen auch in verdünnter Magermilch eingeweicht und gestärkt. Gurken- und Kürbissamen wurden früher gerne über Nacht in den (mit Urin gefüllten!) Nachttopf gegeben und dann am nächsten Tag sofort in warme Erde ausgesät. Vor allem Kinderurin sollte die Keimfähigkeit erhöhen.

GARTEN

# AUSSÄEN

Das gebeizte Saatgut sollte dann in den mit Anzuchterde gefüllten Anzuchttopf. Die Faustregel für die richtige Saattiefe: Ein Samenkorn sollte 1- bis 2-mal so tief, wie es an seiner dicksten Stelle ist, in die Erde kommen. Etwas einfacher: Dicke Körner etwa 1 cm tief, kleine Körner 3–4 mm tief aussäen. Generell gilt: Die Pflanzen nicht zu früh säen. Wenn sie zu lange im geschützten Umfeld sind, dann schießen sie oft in die Höhe, um genug Licht zu ergattern, bilden jedoch nur schwächliche Triebe aus.

Wenn das Saatgut in der Erde ist, dann benötigt es Licht, Feuchtigkeit und Wärme. Aber Vorsicht: Es reicht, wenn die Erde feucht ist – zu viel Wasser kann die kleine Pflanze regelrecht ertränken. Am besten also mit einem Sprüher oder einer Ballbrause wässern. Um die Feuchtigkeit in der Erde zu halten, lohnt es sich, die Anzuchtbehälter mit einer licht- und luftdurchlässigen Abdeckung zu bedecken. Diese Abdeckung muss allerdings bei Erscheinen der ersten Keimblätter wieder entfernt werden.

Vor den Eisheiligen (also dem 15. Mai) macht das Auspflanzen ins Freie keinen Sinn: Die Pflänzchen könnten bei den letzten Nachtfrösten kaputtgehen. Außerdem benötigen die vorgezogenen Pflanzen nach dem Auspflanzen etwa 14 Tage, bis sie sich an die direkte Sonneneinstrahlung, Temperaturschwankungen und Regen gewöhnt haben.

# 3 NATÜRLICHER DÜNGER

Alle Pflanzen benötigen Nährstoffe aus dem Boden – wenn auch in unterschiedlicher Menge und Zusammensetzung. Um sie also bedarfsgerecht zu düngen, ist es wichtig zu wissen, ob ein Stark- oder Schwachzehrer im Beet steht. Die wichtigsten Pflanzen im Überblick:

SCHWACHZEHRER:
Buschbohne, Erbse, Erdbeere, Feldsalat, Knoblauch, Kopfsalat, Mairübchen, Mangold, Portulak, Radieschen, Rucola, Schnittlauch, Spinat, Topinambur, Zwiebeln

MITTELZEHRER:
Chicorée, Chinakohl, Endivie, Fenchel, Karotte, Kohlrabi, Lauch, Pastinake, Rettich, Schwarzwurzel, Stangenbohne

Solch üppige Ernte lässt sich nur mit ausreichend Nährstoffen im Boden erreichen

STARKZEHRER:

Aubergine, Blumenkohl, Gurke, Kartoffel, Knollensellerie, Kürbis, Mais, Pak Coi, Paprika, Rosenkohl, Rotkohl, Stangensellerie, Tomate, Weißkohl, Zucchini

Für alle Pflanzen aber gilt: Wenn Sie in eine gesunde und starke Umgebung gepflanzt werden, dann entwickeln sie sich mit deutlich weniger Krankheiten und Parasiten. Diese Vorbereitung startet zum Teil schon im Vorjahr.

Am Ende eines Gartenjahres hat sich die GRÜN-DÜNGUNG zur Verbesserung des Bodens sehr bewährt. Dabei werden Pflanzen ausgesät, die sehr schnell keimen und häufig im Herbst ihre Blüten zeigen. Über diese Blüten freuen sich auch Bienen und Schmetterlinge – für Gärtner ist entscheidend, was unter der Erde passiert: Das Wurzelwerk lockert auch schwere Böden oft tief greifend auf, Schmetterlingsblütler wie Lupinen oder einige Kleearten machen den Stickstoff der Luft mithilfe von Knöllchenbakterien im Boden verfügbar – und darüber freuen sich im Folgejahr starkzehrende Pflanzen. Ganz nebenher unterdrücken die stark wachsenden Gründünger auch das Unkrautwachstum und befestigen die Bodenoberfläche bei herbstlichem Starkregen. Nach dem ersten Frost wird der Gründünger dann abgemäht oder untergehackt, der Grünschnitt verbleibt auf dem Beet und bietet so Nahrung für Regenwürmer und andere Humus produzierenden Bodenlebewesen. Die erfrorenen Pflanzen können auch einfach im Beet verbleiben und dann im Frühjahr entweder untergearbeitet werden – oder mit dem Rechen zusammengeklaubt und auf den Kompost gegeben werden.

Es ist möglich, komplette Beete mit der Gründüngung auf das folgende Jahr vorzubereiten. Man kann aber auch zwischen die bepflanzten Reihen eine Reihe Gründüngung ausbringen.

Prinzipiell sollten für die Gründüngung Pflanzen aus einer anderen Pflanzenfamilie als die Vorbepflanzung und die geplante Nachbepflanzung gewählt werden. Auf

Gemüsebeeten sollte man auf Gründüngung mit Kreuzblütlern wie Senf oder Raps verzichten: Meistens sind mit Radieschen, Rettich & Co. schon ausreichend Kreuzblütler im Beet vorhanden.

Folgende Pflanzen eignen sich als Gründünger:

- Buchweizen – keimt und wächst schnell, gute Durchwurzelung (bis 70 cm tief), unterdrückt Unkraut, gute Bienenweide, gute Bodendurchlüftung, nicht winterhart, Aussaat bis Ende August
- Gelbe und Blaue Lupine – sehr tiefe Durchwurzelung (bis 200 cm tief), beseitigt Verdichtungen, reichert den Boden mit Stickstoff an, bildet viel Humus, nicht winterhart, Aussaat bis Ende August
- Studentenblume – verdrängt Nematoden aus dem Boden, gute Humusbildung, nicht winterhart, Aussaat bis August
- Rotklee – reichert den Boden mit Stickstoff an, lockert verdichtete Schichten, winterhart, Aussaat bis Oktober
- Ringelblume – verdrängt Nematoden aus dem Boden, sorgt für gute Durchlüftung durch sehr feine Wurzeln, verrottet sehr schnell, nicht winterhart, Aussaat bis September
- Feldsalat – ideal für schwere Böden, erzeugt feinkrümelige Böden, verrottet schnell, lässt sich im Frühjahr einfach unterarbeiten und beseitigen (nachdem man im Winter den Salat ernten konnte), winterhart, Aussaat August bis Oktober
- Winterroggen – intensive Durchwurzelung bis 120 cm Tiefe, unterdrückt Unkraut, guter Humusbildner, Einarbeitung im Frühjahr, winterhart, Aussaat bis November
- Inkarnatklee – reichert den Boden mit Stickstoff an, verdrängt Unkraut, vertreibt Kohlfliegen, gute Bienenweide, winterhart, Aussaat bis August
- Flachs, Lein – die Leingewächse kommen sonst nicht im Garten vor, sind sehr gut für einen Fruchtwechsel, nicht winterhart, Aussaat bis August

GARTEN

- Bienenfreund – eignet sich auch sehr gut für einen Wechsel in der Fruchtfolge (Raublattgewächs), gute Bienenweide, unterdrückt Unkraut, verträgt alle Böden und auch Schatten, bildet viel Humus, nicht winterhart, Aussaat bis September

Die Gründüngung wird im Frühjahr beim Vorbereiten des Beets für die neuen Pflanzen eingearbeitet (oder – je nach Menge – z. T. auch auf dem Kompost entsorgt, während die Wurzeln in der Erde verbleiben).

Als weitere Vorbereitung des Beets auf die Pflanzen hat sich ein SUD AUS ACKERSCHACHTELHALM bewährt. Dafür frischen Ackerschachtelhalm in Regenwasser geben und einen Tag lang stehen lassen. Das Verhältnis von frischem Kraut zu Regenwasser sollte 1:7 sein. Nach einem Tag die Mischung aufkochen, abkühlen lassen und abseihen. Den Sud in einer Verdünnung 1:5 auf die Beete geben – die künftigen Pflanzen sind durch die Stoffe im Ackerschachtelhalm gegen Befall durch Pilze und Mehltau geschützt.

Als sehr wirksamer Dünger wirkt das vorbereitende Gießen des Beets mit BRENNNESSELJAUCHE. Diese Jauche ist schnell hergestellt: Man füllt einen Eimer aus Plastik, Holz oder Ton zu etwa ¾ mit frischen Brennnesseln und gießt dann bis circa 10 cm unter den Rand Wasser auf. Diese Mischung wird luftdurchlässig abgedeckt – so können keine Tiere in den Eimer fallen und ertrinken. Gegen den Geruch kann man Steinmehl oder Humofix in die Mischung geben. 14 Tage lang bleibt die Mischung stehen und wird mindestens einmal am Tag durchgerührt, bis die Jauche komplett vergoren ist. Das erkennt man daran, dass keine Luftbläschen mehr aufsteigen und die Flüssigkeit braun ist. Die Jauche ist danach sehr scharf und darf nicht unverdünnt verwendet werden. Stattdessen wird sie in einer 1:10-Verdünnung auf den Boden gegeben. Diese Jauche kann sowohl zur Vorbereitung von einem Beet als auch zur

Unterstützung des Wachstums von Starkzehrern verwendet werden. Ein schöner Nebeneffekt der Brennnesseljauche ist die insektizide Wirkung: Sie hält also auch Blattläuse und ähnliche Schädlinge fern.

Alternativ kann die JAUCHE AUS BEINWELLBLÄTTERN hergestellt werden. Beinwell enthält weniger Stickstoff, aber mehr Kalium als Brennnesseln – und ist damit geeigneter als Dünger für Tomaten, Kartoffeln, Gurken, Auberginen und Zucchini. Es reicht eine wöchentliche Gabe, etwa 1:10 verdünnt.

MAGERMILCH hilft Farnen, Rosen und anderen Prachtstauden in der Blütezeit. Dafür wird Vollmilch im Verhältnis 1:3 mit Wasser gemischt und in das Beet gegeben. Ein ähnlicher Effekt kann mit Horn- oder Knochenmehl erreicht werden.

RINDERDUNG UND PFERDEMIST verbessern die Bodenstruktur, wenn sie sorgfältig in ein Beet eingearbeitet werden. Der organische Dünger im Mist nährt die Pflanzen. Rinderdung ist dabei in gekörnter Form im Fachhandel erhältlich, Pferdemist wird in der Regel gerne von Pferdehöfen abgegeben. Dabei darauf achten, dass der Mist schon abgelagert ist – frischer Mist direkt vom Pferd ist sehr scharf und »verbrennt« das Gemüse.

KOCHWASSER VON EIERN wird besonders von kalkliebenden Pflanzen geschätzt. Dafür einfach abkühlen lassen und zum Gießen verwenden, z. B. für Schnittlauch, Lavendel, Diptam, Blausterm, Flieder, Bärlauch, Tränendes Herz.

SCHWARZTEEBLÄTTER, die in den Boden eingearbeitet werden, sorgen bei Tüpfel- und Rippenfarn für prachtvolles Wachstum.

Klein geschnittene, angetrocknete BANANENSCHALEN im Boden eingearbeitet verhelfen Rosen und anderen Prachtstauden zu Wachstum und schönen Blüten.

GARTEN

Häufig wird empfohlen, HOLZASCHE als Dünger einzusetzen. Klar ist: Holzasche sorgt für ein besseres Wachstum vieler Pflanzen, da sie viele Spurenelemente und Mineralstoffe enthält. Wer also einen Kamin oder einen Schwedenofen besitzt, in dem Holz verbrannt wird, der könnte seine Asche als Dünger einsetzen.

Dabei sollte man allerdings ein paar Dinge bedenken: Es darf wirklich nur Asche von Brennholz sein. Lacke, Farbreste, Imprägnierungen und Ähnliches sorgen für eine Verunreinigung der Asche und können als Schwermetalle in den Pflanzen angereichert werden. Vor allem bei Gemüsesorten, die später gegessen werden, ist eine Düngung mit Asche unbekannter (oder bekannt schlechter) Herkunft nicht empfehlenswert. Einige Pflanzen, wie zum Beispiel Rhododendron, vertragen keine Asche. Am sinnvollsten lässt sich Asche direkt auf den Rasen ausbringen – und auch hier gilt: In der Menge liegt das Gift. Mehr als 100 ml pro Quadratmeter und Jahr sollte nicht im Garten landen. Der Rest der Holzasche ist am besten im Hausmüll aufgehoben.

# 4 NATÜRLICHE BEKÄMPFUNG
## VON SCHÄDLINGEN

Nicht nur bei der Düngung, sondern auch bei der Schädlingsbekämpfung im Garten lässt sich gut auf die herkömmlichen Chemiekeulen verzichten, denn auch hier gibt es wirkungsvolle Alternativen, die sich ganz einfach selber herstellen lassen.

GARTEN

## JAUCHEN ZUR SCHÄDLINGSBEKÄMPFUNG

Jauchen lassen sich nicht nur zur Düngung einsetzen – sie sind in vielen Fällen auch sehr wirksame Mittel gegen Schädlinge. Dabei lassen sie sich ohne Probleme herstellen. Das passende Kraut dazu findet sich meist an Wegrändern, auf Brachwiesen und Bachufern.

Die Grundherstellung ist für alle Jauchen gleich:

In einem Eimer aus Plastik, Holz, emailliertem Metall oder Ton einen Teil des benötigten Krauts mit Regenwasser (es geht auch Leitungswasser) ansetzen. Die Flüssigkeit wird luftdurchlässig abgedeckt, damit keine Tiere in den Eimer fallen können. Die Gärung der Jauche setzt nach 2 bis 4 Tagen ein und lässt sich leicht an den aufsteigenden Bläschen erkennen. Leider stinkt die Jauche während dem Gärprozess. Es hilft, wenn man den Eimer an einer entlegenen Ecke des Gartens aufstellt und etwas Steinmehl in die Jauche gibt.

Die Jauche einmal am Tag umrühren. Je nach Außentemperatur ist der Gärvorgang nach 1 bis 3 Wochen abgeschlossen. Je mehr Sonne der Eimer abbekommt, desto schneller geht es. Die Jauche ist dann eine dunkelbraune Brühe, die nicht mehr gärt. Diese Jauche am besten in Kanister füllen, beschriften und dann nach Bedarf einsetzen.

Jauche aus Wurmfarn oder Adlerfarn hat sich im Kampf gegen SCHILD- UND SCHMIERLÄUSE bewährt. Dafür 1 kg Farnkraut mit 10 l Wasser ansetzen. Die gefilterte, unverdünnte Jauche kann dann zur Winterspritzung direkt auf die befallenen Kübelpflanzen gegeben werden. Während der Vegetationsperiode kann die Wurmfarnjauche gegen ROST bei Apfelbäumen, Johannisbeeren und Malven/Stockrosen verwendet werden.

Eimer aus Metall eignen sich nicht für das Ansetzen der Jauche – chemische Prozesse lösen für die Pflanze schädliche Stoffe

Eine Jauche aus dem gelb blühenden Rainfarn wird mit 500 g der blühenden Pflanzen und 10 l Wasser angesetzt. Die fertige Jauche wird mit der doppelten Menge Regenwasser verdünnt und kann nach der Blüte und nach der Ernte auf Erdbeeren, Himbeeren und Brombeeren gegen den ERDBEERBLÜTENSTECHER, ERDBEERMILBEN, HIMBEER-KÄFER UND BROMBEERMILBEN eingesetzt werden. Eine im Sommer hergestellte Rainfarnjauche kann im Winter direkt auf die Pflanzen gegen Schädlingseier der überwinternden Schädlinge gegeben werden.

Eine Wermutjauche wird aus lediglich 300 g frischem Kraut pro 10 l Wasser angesetzt. Die gefilterte Jauche kann im Frühjahr unverdünnt gegen BLATTLÄUSE, ROSTPILZE UND AMEISEN eingesetzt werden. Als Brühe kann Wermut gut gegen APFELWICKLER UND KOHLWEISSLINGSRAUPEN verwendet werden. Im Herbst wird die Brühe gegen BROM-BEERMILBEN eingesetzt. Eine Brühe wird im Gegensatz zur Jauche nicht vergoren: Hier werden die Pflanzenteile 1 Tag lang in Wasser eingeweicht, dann wird das Wasser etwa ½ Stunde lang zum Köcheln gebracht. Anschließend wird die Brühe abgeseiht und nach dem Abkühlen sofort auf die Pflanzen ausgebracht.

Eine Jauche aus Knoblauch und Zwiebeln stärkt die Abwehrkräfte von Gemüse und Obst gegen einige PILZKRANKHEITEN. Dafür 500 g Zwiebeln und Knoblauch mit 10 l Wasser ansetzen – und zwar die kompletten Pflanzen. Die Jauche wird fünffach verdünnt und auf die Baumscheiben und Beete der bedrohten oder befallenen Pflanzen gegeben. Gegen KRAUT- UND BRAUNFÄULE kann die Knoblauchjauche auch in zehnfacher Verdünnung direkt auf Tomaten und Kartoffeln gespritzt werden.

Für Tomatenjauche werden die Triebe verwendet, die beim Ausgeizen abgebrochen werden: 1 kg der Triebe auf 10 l Wasser. Die Jauche fördert das Wachstum von Bohnen, Gurken,

Kohl, Paprika, Tomaten und Zwiebeln. Vor allem aber ist die Jauche in einer Verdünnung von 1:1 wirkungsvoll gegen SCHNECKEN. Dafür sollte sie zwischen die Pflanzen gegossen werden – nicht auf die Blätter.

Eine Jauche von 1 kg Rhabarberblättern auf 10 l Wasser ist ebenfalls sehr wirksam in der SCHNECKENABWEHR. Die Rhabarberjauche einfach zwischen die Reihen gießen. Es entsteht ein schleimiger Belag auf dem Boden, den die Schnecken meiden. Eine Brühe aus Rhabarberblättern hat sich gegen LAUCHMILBEN UND SCHWARZE LÄUSE bewährt. Ein Auszug mit Rhabarberblättern wird mit 1 kg Rhabarberblättern gemacht, die mit 1 l kochendem Wasser übergossen werden. Kräftig umrühren, dann einen Tag stehen lassen. Den Auszug abseihen und sofort als Spritzmittel gegen BRAUN- UND KRAUTFÄULE einsetzen. Wichtig: Am besten trotzdem alle befallenen Stängel und Blätter sofort in den Hausmüll entsorgen – der Pilz kann im Boden problemlos überwintern und kommt im nächsten Jahr wieder.

Bei Thujajauche – hergestellt aus 1 kg Zweigen auf 20 l Wasser – müssen die Thujazweige klein geschnitten und mit kochendem Wasser übergossen werden. Erst nach dem Abkühlen werden die vollen 20 l aufgegossen, und die Jauche wird so wie alle anderen auch hergestellt. Die fertige Jauche kann gegen WÜHLMÄUSE UND MAULWÜRFE direkt in die Gänge gegossen werden.

Frische Brennnesseljauche, die noch nicht durchgegoren ist (also nach 1 bis 2 Tagen), lässt sich auch gegen BLATTLÄUSE einsetzen. Dafür die noch frische Jauche abseihen und vor allem an die Blattunterseiten der befallenen Pflanze spritzen. Drei Tage hintereinander durchführen.

# BARRIEREN FÜR SCHNECKEN

Sicher: Alle Schnecken sind irgendwie eklig, schleimig und keine Sympathieträger. Aber es ist ganz wichtig, hier zu unterscheiden – denn nicht jede Schnecke ist auf den leckeren Salat versessen. Einige können sogar sehr nützlich sein. Generell gilt: Schnecken mit Häuschen müssen nicht bekämpft werden. Die Bänderschnecken (die geringelten Häuschenschnecken, die wir meistens sehen) ernähren sich nur von totem Pflanzenmaterial, das sie im Beet reichlich finden. Noch besser sind die großen Weinbergschnecken: Die fressen gerne das Gelege der Spanischen Wegschnecke. Diese Gelege zählen auch zur Leibspeise der Tigerschnegel – das sind Nacktschnecken, die allerdings nicht rot, sondern hell- und dunkelbraun getigert sind.

Anders sieht es mit der häufig auftretenden Spanischen Wegschnecke aus: Die liebt alles, was wir auch gerne essen oder ansehen, deshalb sollten wir sie besser aus unserem Garten entfernen. Ebenso ist die Gartenwegschnecke ein natürlicher Feind des Gärtners. Sie ist nackt, schwarz oder dunkelgrau mit einer gelben oder orangenen Sohle – und verspeist ebenfalls gerne alle Pflanzenteile.

Schnecken lassen sich leider nie sicher von einem Beet fernhalten. Aber man kann ihnen den Spaß am mundgerecht gepflanzten Salat und leicht zugänglichen Leckereien verderben. Als erstes Abwehrmittel sind mechanische Barrieren sinnvoll. Hochbeete sind für Schnecken fast unüberwindbar hoch – und wenn dann die Kante auch noch mit einem Kupferblech versehen ist, dann wird sie die Beete nie erreichen. Wem das zu aufwendig ist – oder wer keinen Platz für ein Hochbeet hat –, der kann auch die kleinere Lösung wählen: Um jede einzelne Pflanze eine kleine Manschette aus Kupferblech oder Plastik setzen. Dabei muss so eine Plastikmanschette gar nicht unbedingt gekauft werden. Alte Plastikbecher und Eimer für Malerfarben können (ohne den Boden) auch um die gefährdeten Pflanzen gelegt werden.

Für Schnecken unangenehm ist darüber hinaus eine Barriere aus Sand oder Asche. Auf den trockenen, rauen Untergründen glitscht es sich als Schnecke nicht so gut dahin. Auch trockener Kaffeesatz bekommt der Schnecke nicht gut, sie wird versuchen, diese Bereiche zu meiden.

Eine einfache Methode, um einer Nacktschneckeninvasion Herr zu werden, ist das allabendliche Absammeln. Wenn der Tau auf die Beete fällt, dann machen sich die feuchtigkeitsliebenden Tiere auf den Weg – und wir können sie bequem absammeln. Unbequemer ist die Frage, was man danach mit seinem Eimerchen voller Nacktschnecken macht. Und die Antwort ist auf keinen Fall schön. Von Verbrennen über Übergießen mit kochendem Wasser oder Bier bis hin zum Einfrieren in der Tiefkühltruhe – hier muss wohl jeder selber sehen, wie er oder sie sein Ekelgefühl in den Griff kriegt. Denn einfach über den Zaun zu den Nachbarn zu schmeißen ist nicht nur unfair, sondern auch nutzlos. Die kleinen Tierchen kommen für ihr sprichwörtliches Tempo erstaunlich schnell zurück.

Eine weitere Möglichkeit, um Schnecken fernzuhalten, sind bestimmte Kräuter. Bewährt hat sich der Anbau von Salbei, Bohnenkraut, Thymian, Rosmarin, Weihrauch und Kamille rings um besonders gefährdete Beete mit leckerem Kopfsalat. Leider gibt es keine Garantie, dass nicht die eine oder andere verwegene Schnecke auch mal ihre Abneigung gegen diese Kräuter überwindet.

Letzte Möglichkeit gegen Schnecken sind noch ihre Fressfeinde. Dazu zählen Igel, Kröten, Blindschleichen, Amseln, Stare, Elstern, Spitzmäuse und Laufenten. Wobei nach meiner Beobachtung Igel sehr viel lieber eine Schnecke mit Häuschen knacken, als sich eine glitschige Nacktschnecke vorzunehmen. Kröten finden dagegen Nacktschnecken lecker. Spitzmäuse vernichten so viel Wurzelwerk von nützlichen Pflanzen, dass man sie sich eigentlich nicht in den Garten wünscht. Und meine letzte Blindschleichensichtung ist etwa 6 Jahre her. Aber vielleicht gibt es Gärten, in denen sie etwas häufiger angesiedelt sind. Laufenten sind ausgezeichnete Schneckenvertilger, sie essen nach den Schnecken allerdings auch ganz gerne Stachel- und andere Beeren. Außerdem hätten sie gerne einen Teich und generell artgerechte Haltung. Das lohnt sich erst ab einer gewissen Gartengröße – oder in einer Gemeinschaft mit anderen Gartenbesitzern.

Laufkäferlarven, Glühwürmchen und Tausendfüßler essen gerne die Gelege von Schnecken. Das sorgt immerhin dafür, dass man ihre Anwesenheit mit größerer Sympathie betrachtet.

## KAMPF GEGEN BLATTLÄUSE

Neben dem Spritzen mit den zuvor beschriebenen Jauchen kann man auch vorbeugend gegen Blattläuse Lavendel, Salbei oder Zwiebeln pflanzen. Blattläuse meiden deren Geruch. Vor allem Lavendel wird gerne in den Reihen zwischen Rosen gepflanzt, damit die Blattläuse diese meiden. Kapuzinerkresse eignet sich ebenfalls zum Schutz der anderen Pflanzen – allerdings aus einem ganz anderen Grund: Blattläuse lieben Kapuzinerkresse und gehen an keine andere Pflanze lieber als an diese. Das sorgt dafür, dass die Läuse an der Kapuzinerkresse hängen – und nirgends sonst. Wer dann noch eine frische Brennnesseljauche hat, muss also nur noch die Kapuzinerkresse behandeln.

Das einfachste Mittel gegen Blattläuse ist allerdings: Geduld und ein bisschen Handarbeit. Das bedeutet: Jeden Tag die befallenen Triebe mit der Hand abstreifen und die Blatt-

Freundliche und nützliche Helfer gegen Blattläuse: Marienkäfer

läuse zwischen den Fingern töten (das geht wirklich sehr einfach – und man muss sich danach nur die Hände waschen). Stark befallene Triebe kann man auch einfach entfernen und in die Biotonne werfen. Eine gesunde Pflanze wird sich nach einiger Zeit erholen. Dann sind auch ausreichend Fressfeinde aufgetaucht, die die Blattlauspopulation auf ein vernünftiges Maß reduzieren. Sollten keine Fressfeinde wie Marienkäfer oder Larven der Florfliegen zu sehen sein, dann gibt es in den Gartencentern inzwischen auch Larven zu kaufen, die man auf seinen Pflanzen ansiedeln kann.

## VERTREIBUNG VON KARTOFFELKÄFERN

Leider frisst der Kartoffelkäfer nicht nur Kartoffeln, sondern auch Paprika und Auberginen. Diese Käfer sind hart im Nehmen und nicht so leicht zu vertreiben. Aber den Geruch von Meerrettich verabscheuen sie zutiefst. Also hilft es, wenn zwischen den Reihen Meerrettichstecklinge gesetzt werden. Doch Vorsicht: Meerrettich neigt zum Wuchern!

## ABWEHR GEGEN WÜHLMÄUSE

Wühlmäuse lieben Wurzelgemüse und Stauden. Wer eine Katze im Garten hat, wird wohl kaum Probleme mit den Nagern haben – alle anderen sollten reichlich Knoblauch in den Reihen zwischen Karotten, Pastinake & Co. pflanzen. Die Wühlmäuse meiden diesen Geruch und weichen auf wohlriechendere Beete aus. Am besten lässt sich Knoblauch im Frühjahr bis April in die Beete setzen.

## AMEISENPLAGE

Eigentlich sind Ameisen keine Schädlinge, sondern eher Nützlinge. Wenn sie allerdings auf der Terrasse, dem Balkon oder im Sandkasten überhandnehmen, dann möchte so mancher Gartenbesitzer die kleinen Krabbeltiere doch lieber in ihre Grenzen weisen. Der Geruch von Thymian, Majoran, Wermut oder Lavendel wehrt einen Teil der Ameisen ab. Am besten einige Töpfe mit den Kräutern an den »Einfallstraßen« aufstellen.

## KRÄUTER GEGEN MEHLTAU

Nein – Mehltau verschwindet nicht, wenn man Kräuter auf ihn streut. Aber mit ein bisschen Glück tritt er gar nicht erst auf, wenn die richtigen Kräuter in der Nachbarschaft stehen. Schnittlauch, Knoblauch oder Kerbel kann in den Reihen zwischen den gefährdeten Pflanzen gezogen werden und so deren Anfälligkeit für Mehltau verringern. Außerdem sollte jede Form von Stickstoffdüngung bei einem Mehltaubefall eingestellt werden: Mehltau scheint durch Überdüngung geradezu angelockt zu werden.

# 5 MISCHKULTUREN
## – GUTE NACHBARN, SCHLECHTE NACHBARN

Alles, was langweilig und eintönig ist, wird auch schnell krank. Diese einfache Lebensregel gilt ganz besonders auch für einen Garten: Große Beete, in denen die immer gleiche Pflanze angebaut wird, ziehen Schädlinge, Krankheiten und schlechtes Wachstum geradezu an. Wer dagegen nach dem Prinzip der Mischkultur seine Pflanzen in einem geordneten Durcheinander in die Beete setzt, der kann sich auf ein gesundes, üppiges Miteinander freuen.

Leider: Es hilft nichts, wenn der begeisterte Hobbygärtner jetzt fröhlich alles in sein Beet setzt, was ihm in den Sinn kommt oder in die Hände fällt. Gerade im Beet gibt es Nachbarn, die sich nicht leiden können und gegenseitig dafür sorgen, dass keiner wirklich groß werden kann. Und andere Partner befruchten sich und feuern sich gegenseitig zu wahren Höhenflügen an ... Also: Alles wie im richtigen Leben.

Zum Glück haben schon die Benediktiner in ihren Klostergärten beobachtet, welche Pflanzen sich vertragen und welche sich behindern. Und auch wenn die Wissenschaft mittlerweile viele Zusammenhänge erklären kann – bis heute zählt immer noch der Erfahrungswert der Mönche mehr als so manche kühle Erklärung. Wer im Herbst sein Beet umgräbt, kann übrigens auch sehen, wer sich da besonders gut verträgt: Pflanzen, die gut miteinander können, verflechten auch ihre Wurzeln miteinander. Andere halten lieber Abstand ...

Hier ein Überblick über gute und schlechte Nachbarn im Beet:

| PFLANZE | GUTE NACHBARN | SCHLECHTE NACHBARN |
|---|---|---|
| TOMATE | Buschbohne, Möhre, Kohlrabi, Lauch, Spinat, Petersilie, Radieschen, Ringelblume, Sellerie, Basilikum, Zwiebel | Rotkohl, Erbsen, Fenchel, Gurken, Kartoffeln, Rote Bete |
| KARTOFFEL | Kapuzinerkresse, Kohlrabi, Spinat, Buschbohnen, Tagetes | Erbse, Gurke, Rote Bete, Tomate, Zwiebel, Sellerie |
| MÖHRE | Dill, Erbsen, Spinat, Knoblauch, Mangold, Lauch, Salat, Tomate, Radieschen, Zwiebeln | Rote Bete, Minze |
| SALAT | Buschbohnen, Dill, Bohnenkraut, Erbsen, Erdbeeren, Gurken, Kohl, Kohlrabi, Möhren, Rote Bete, Radieschen, Rettich, Zwiebeln, Tomaten | Petersilie, Sellerie |
| ZUCCHINI | Basilikum, Kapuzinerkresse, Stangenbohnen, Zwiebeln | Gurken |
| GURKEN | Basilikum, Bohnen, Dill, Erbsen, Lauch, Fenchel, Kohl, Salat, Sellerie, Rote Bete, Zwiebeln | Kartoffeln, Rettich, Radieschen, Tomaten, Zucchini |

| PFLANZE | GUTE NACHBARN | SCHLECHTE NACHBARN |
|---|---|---|
| BUSCHBOHNE | Bohnenkraut, Dill, Gurke, Erdbeere, Kartoffeln, Kohl, Radieschen, Rote Bete, Salat, Sellerie, Spinat, Tomate | Erbsen, Fenchel, Knoblauch, Paprika, Lauch, Schnittlauch, Stangenbohnen, Zwiebeln |
| ERDBEERE | Buschbohne, Knoblauch, Kopfsalat, Lauch, Radieschen, Ringelblume, Spinat | alle Kohlsorten |
| PAPRIKA | Gurke, Kohl, Möhre, Tomate | Erbse, Fenchel, Rote Bete |
| RADIESCHEN | Bohnen, Erbsen, Kohl, Mangold, Möhren, Petersilie, Salat, Spinat, Tomate | Gurke, Zwiebel |

Perfekte Nachbarn: Möhren und Radieschen

# PERFEKTE KRÄUTER FÜR DAS BEET

Einige Kräuterarten sind am besten im Gemüsebeet aufgehoben. Hier sorgen sie nicht nur für Abwechslung, sondern können sich auch bereits während des Wachstums nützlich machen: Sie sehen gut aus, locken Insekten an – und bewirken noch einiges andere. BASILIKUM fühlt sich in der Nähe von wärmeliebenden Pflanzen wie Gurken, Fenchel, Tomate oder Paprika sehr wohl. Tomaten entwickeln in seiner Nähe ein besonders gutes Aroma – und die Tomate schützt auch den Basilikum vor Wurzelfäule. Bei Gurken sorgt die Anwesenheit des Basilikums dafür, dass Pilzerkrankungen gar nicht oder später auftreten. Außerdem zieht Basilikum bestäubende Insekten an und sorgt so für einen besseren Fruchtansatz.

Die Insekten werden auch von BORRETSCH angezogen, der allein dadurch seine Daseinsberechtigung im Beet hat.

DILL und Gurken sind ein perfektes Paar – und das nicht nur auf dem Teller: Die großen Gurkenblätter halten den Boden so feucht, wie der Dill es mag – und der Dill wächst so steil und blattarm nach oben, dass er der Gurke keine Sonne klaut.

KAPUZINERKRESSE sorgt dafür, dass das Gemüse weitestgehend ohne Blattläuse bleibt: Sie zieht die kleinen Tiere an – und so muss man nur eine einzige Pflanze behandeln. Nachdem die Kapuzinerkresse so schnell wächst, kann man da durchaus auch einfach mal einen ganzen befallenen Trieb in die Biotonne werfen.

MINZE ist ein perfekter Partner für alle Kohlpflanzen, da sie Kohlweißlinge und Erdläuse fernhält.

Der Duft des KÜMMELS hält von Kartoffeln den gefräßigen Kartoffelkäfer fern.

# BLUMEN – SCHÖNE HELFER IM BEET

Die Gesellschaft von TAGETES ist für alle Gemüse- und Kohlpflanzen wohltuend. Vom Kohl hält sie die Kohlhernie-Krankheit ab, bei Karotten bleibt durch sie die Möhrenfliege auf Abstand.

SONNENBLUMEN sind gute Helfer in einem stark verdichteten Boden: Ihre kräftigen Pfahlwurzeln lockern die Erde bis in die Tiefe auf.

Die RINGELBLUME scheidet über die Wurzeln Substanzen aus, die hemmend auf Nematoden im Boden wirken. So wird sie vor allem für Steinobst, Tomaten, Kohl und Bohnen ein wichtiger Partner im Garten.

WICKEN oder LUPINEN sind nicht nur hübsch, sondern auch wahre Stickstoffsammler im Boden. Wenn sie also mit im Beet stehen, dann wachsen Kohl, Mangold und Spinat besonders schnell.

GARTEN

# 6 DER URSPRUNG DES LEBENS – SAMEN SELBER ERNTEN

Im Frühjahr stehen die Drahtgestelle und Regale mit Samentütchen in allen Supermärkten: Samen sind nicht schwer zu bekommen – und sie kosten auch wirklich nicht viel. Es ist also nichts leichter, als die bunten Bilder auf den Tütchen zu betrachten und danach den schönsten Salat, die bunteste Bete und die prächtigste Blume zu kaufen. Warum also sollte sich irgendjemand die Mühe machen und das Saatgut selbst gewinnen?

Selbst gezogene Samen von bewährten Pflanzen bringen die besten Ergebnisse

Die Gründe dafür sind einfach: Nur durch die Bewahrung der alten Sorten bleiben sie erhalten und verschwinden nicht irgendwann aus dem Genpool. Die Vielfalt unserer Pflanzen ist aber ein Gut, das man nicht hoch genug einschätzen kann. Einige Sorten werden von den Herstellern nicht angeboten – sie sind nur regional erhältlich. Gerade diese regionalen Sorten sind aber den Bedingungen in genau dieser Gegend perfekt angepasst. Wetter- und Bodenverhältnisse sind optimal – warum also sollte man einen Generalisten in seinen Garten holen, wenn doch der Spezialist schon vorhanden ist?

Wenn uns eine Tomate oder eine Gurke schmeckt – oder eine Blüte besonders gut gefällt –, dann liegt doch nichts näher, als genau diese Sorte weiter zu pflegen. Und das funktioniert ausschließlich über die Vermehrung der Pflanze über die Samen.

Erste Bedingung für diese Vermehrung unserer Pflanze über Samen ist die Bezeichnung »SAMENFEST«. Wir finden sie auf unserem ursprünglichen Samentütchen – oder auch in der Beschreibung der kleinen Pflanze, die wir beim Gärtner oder beim Gartencenter gekauft haben. Wenn es nirgends steht: einfach den Verkäufer fragen. Samenfeste Sorten geben ihre Eigenschaften an die nächste Generation weiter.

Findet sich auf einem Tütchen oder einer Pflanze die Bezeichnung »F1-HYBRIDE«, ist die Sache anders. Diese Hybriden sind Mischungen aus zwei verschiedenen Arten oder Sorten. F1 bezeichnet die erste Tochtergeneration. Entweder sind Hybriden komplett steril oder die Samen bringen Pflanzen hervor, die sich in ihren Eigenschaften von denen der Eltern stark unterscheiden. Da die meisten Pflanzen und Samen, die wir kaufen können, diese Hybriden sind, müssen wir jedes Jahr neue Pflanzen oder Saatgut kaufen: Das ist schön für die Verkäufer von Saatgut, aber nicht für uns.

Samenfeste Pflanzen sind oft über Jahrhunderte hinweg auf die besten Eigenschaften gezüchtet worden – es lohnt sich also in jeder Beziehung, diese Pflanzen im eigenen Garten weiter zu kultivieren.

Um die Samen unserer ausgewählten Lieblingspflanze zu gewinnen, müssen wir schon während der Blüte beachten, dass sie nach Möglichkeit nicht von anderen Sorten der gleichen Pflanze oder Wildpflanzen aus einem ähnlichen Stamm bestäubt wird. Um das zu verhindern, kann man die Pflanze von Hand bestäuben – oder sie ein wenig abseits von anderen, ähnlichen Pflanzen anbauen. Diese wilde Verkreuzung ist besonders bei Gurken, Kürbissen oder Zucchini fast nicht zu vermeiden. Sie werden häufig von bitteren Zierkürbissen befruchtet, die nachfolgende Generation ist dann nicht nur bitter, sondern auch giftig. Kürbisgewächse sollte man also weiterhin aus gekauftem Saatgut aufziehen.

Sehr viel einfacher ist es bei den Selbstbefruchtern wie Tomate, Salat, Gartenbohne, Erbse oder Auberginen. Sie verkreuzen sich selten – und wer ganz sichergehen möchte, kann einfach eine luftdurchlässige Tüte um die Blüte hüllen, bis der Fruchtstand anfängt, sich auszubilden. In diesem Fall nicht vergessen, diese Früchte zu markieren, damit man später aus ihnen die Samen gewinnt.

Sind die Samen reif, können sie geerntet werden. Dabei wird zwischen trockenen und feuchten Samen unterschieden.

Unter TROCKENEN SAMEN versteht man diejenigen, die ihre Samen erst entlassen, wenn der Samenstand oder die Frucht vertrocknet ist. Das sind z. B. Bohnen, Erbsen, Mais, Salat, Rote Bete, Kapuzinerkresse, Sonnenblumen, Ringelblume, Mohn, Karotten und viele mehr. Sie werden mit Gartenschere und Behälter geerntet. Die Kapseln oder Fruchtstände werden mitsamt dem Stiel abgeschnitten und kopfüber in eine Papiertüte gegeben. Diese wird dann etwa 3 Wochen lang kopfüber an einem gut belüfteten, trockenen Ort aufgehängt. Nach dem Trocknen wird das Saatgut gesäubert: Die Samen werden vom Spreu getrennt. Wenn komplette Samenstände gesäubert werden sollen, dann lassen sich Spreu und Samen in einem Kissenbezug leicht durch Reiben trennen. Danach größere Pflanzenteile mit den Fingern entfernen, den Rest erst durch ein grobmaschiges und später durch ein feinmaschiges Netz rieseln lassen. Das Saatgut bleibt zurück und kann dann in Tütchen oder Gläsern aufbewahrt werden. Das Beschriften dabei nicht vergessen!

Hier noch einige Pflanzen mit trockenen Samen und ihre spezifische Form der Samengewinnung:

## BOHNEN UND ERBSEN

Einfach die Früchte aus den vollständig getrockneten Hülsen und Schoten nehmen, trocknen und lagern.

## GRÜNER SALAT

Das ist Samensammeln für Fortgeschrittene … Es ist wichtig, genau die Pflanzen zur Blüte kommen zu lassen, die den kräftigsten und stärksten Kopf gebildet haben. Wenn die Stiele der Blüte trocken sind, den Samenstand abschneiden und trocknen. Anschließend auf einem Tuch leicht dreschen und evtl. einige Wochen trocknen lassen.

## ROTE BETE

Die Pflanze mit der schönsten Knolle zum Blühen kommen lassen, den Stängel abschneiden und wie beschrieben kopfüber in eine Papiertüte geben. Nach vollständiger Trocknung die Samen mit der Hand abstreifen.

## MÖHREN

Damit die Pflanzen im zweiten Jahr blühen, einige Wurzeln über Winter im Boden lassen. Den Fruchtstand abschneiden, wenn er braun und vertrocknet ist. In einer Papiertüte eine Woche lang weitertrocknen lassen, anschließend die Dolden über einem Papier zwischen den Händen reiben. So löst sich das Saatgut – empfindliche Menschen sollten dabei eventuell eine Staubmaske tragen.

## KRÄUTER
### (BASILIKUM, BORRETSCH, FENCHEL, KAMILLE, KORIANDER, SAUERAMPFER, SCHNITTLAUCH)

Die Blüten werden zu Früchten. Um die darin enthaltenen Samen zu lösen, die Früchte oder Fruchtstände in einem Kissen mit der Hand zerbröseln. Danach noch einmal vollständig trocknen lassen.

## BLUMEN
### (ECHINACEA, KLEE, KORNBLUME, STOCKROSE, SILBERBLATT, RINGELBLUME, MOHN)

Blütenköpfe und Blütenstände an der Pflanze reifen lassen. Dann die Samen in eine Papiertüte zupfen und ausgebreitet auf Zeitungspapier einige Wochen trocknen lassen.

## SONNENBLUME

Wenn die Köpfe sich auf der Rückseite gelb verfärben, noch 2 Wochen warten. Abschneiden und mit dem »Gesicht« nach unten auf Zeitungspapier trocknen lassen. Anschließend mit einem Stock auf die Rückseite schlagen und die Samen mitsamt der Samenschalen einsammeln.

FEUCHTE SAMEN reifen in fleischigen Früchten wie Tomate, Kürbis, Gurke, Chili oder Zucchini. Um diese Samen zu gewinnen, muss die Frucht aufgeschnitten und der Samen mit einem Löffel oder den Fingern herausgeholt werden. Anschließend werden die Samen fermentiert. In der Natur passiert das auf natürliche Weise, wenn die Samen auf den Bo-

Kerne lassen sich nur aus trockenen Köpfen gewinnen

den fallen und verfaulen oder von einem Tier gefressen und wieder ausgeschieden werden. Durch diesen Prozess verbessert sich die Keimfähigkeit der Samen: Hemmstoffe, die das Keimen verhindern, werden abgebaut. Der natürliche Prozess wird dadurch nachgeahmt, dass die Samen in ein Glasgefäß mit etwa der doppelten Menge Wasser aufgefüllt werden. Kräftig umrühren und etwa 3 Tage an einem warmen Ort (ideal: 30 °C) aufbewahren, bis sich Blasen bilden. Anschließend die Samen mehrmals in einem Sieb mit klarem Wasser durchspülen und auf Zeitungspapier oder in einem Kaffeefilter trocknen lassen, dabei gelegentlich wenden.

Hier noch einige Pflanzen mit feuchten Samen und ihre spezifische Form der Samengewinnung:

## TOMATEN

Unbedingt die ersten und größten Früchte als Samenlieferanten auswählen. Die Früchte überreif werden lassen. Dann aufschneiden und die Samen aus den Früchten »flitschen«. Danach wie beschrieben vorgehen.

## CHILI

Gesunde und vollreife, leicht angetrocknete Früchte auswählen. Aufschneiden, die Kerne entnehmen und auf einem Zeitungspapier vollständig trocknen lassen. Bei der Samenernte unbedingt Handschuhe tragen!

## HALTBARKEIT

Die Haltbarkeit der gewonnenen Samen ist unterschiedlich:

1 bis 3 Jahre: Feldsalat, Lauch, Pastinake, Petersilie, Schnittlauch
2 bis 3 Jahre: die meisten Zierblumen und Kräuter, Zwiebeln
3 bis 5 Jahre: Kohlarten, Kresse, Möhren, Paprika, Peperoni, Salate, Sellerie
4 Jahre: Fenchel
4 bis 6 Jahre: Aubergine, Artischocke, Bohne, Chinakohl, Erbse, Mais, Radicchio, Radieschen, Rettich, Rote Bete, Spinat
5 bis 8 Jahre: Gurke, Kürbis, Zucchini
5 bis 10 Jahre: Kapuzinerkresse
6 und mehr Jahre: Sonnenblumen, Mangold
10 und mehr Jahre: Mohn

# 7 ERNTE
## – DER PERFEKTE ZEITPUNKT

Es ist nicht immer ganz einfach, bei den vielen verschiedenen Gemüse- und Obstsorten den perfekten Zeitpunkt für die Ernte zu finden. Bei einigen Gemüsesorten liegt das auch daran, dass sich die Ernte über mehrere Wochen oder Monate ziehen kann.

Tomaten reifen beispielsweise frühestens im Juli, die letzten Früchte werden allerdings erst im Herbst reif. Am besten wartet man ab, bis die Früchte vollkommen ausgefärbt, aber

Reife Tomaten lassen sich leicht vom Stiel lösen, sind prall und fest

noch fest und prall sind und sich leicht vom Stiel lösen. Dann haben sie den höchsten Gehalt an Zucker, Mineralstoffen und Vitaminen.

Frühgemüse sollte dagegen nicht zu spät geerntet werden. Kohlrabi wird zwar immer größer, aber leider auch holzig. Erbsen werden irgendwann mehlig, und auch Freilandgurken und Zucchini verlieren mit der Vollreife an Geschmack. Salatgurken sollten etwa 30 cm lang und dunkelgrün sein, wenn sie geerntet werden – sobald die Schale anfängt, sich gelb zu verfärben, ist der optimale Zeitpunkt für die Ernte vorbei. Auberginen sind perfekt für die Ernte, wenn die Schale anfängt, an Glanz zu verlieren. Dann sind die Samen im Inneren noch weiß. Wenn sie anfangen, braun zu werden, dann schmecken die Auberginen wattig und trocken.

Möhren, Rettich und anderes Wurzelgemüse profitiert dagegen von einem späten Erntezeitpunkt. Grünkohl und Rosenkohl sind sogar winterhart und schmecken besser nach dem ersten Nachtfrost.

Lauch und Feldsalat können ebenfalls noch bei frostigen Temperaturen geerntet werden, Pastinaken, Schwarzwurzeln und Topinambur können in der Erde bleiben, bis wir sie in der Küche benötigen.

Bei einigen Gemüsesorten sind die Anzeichen der Reife allerdings untrüglich. Rhabarber ist reif für den Kochtopf, wenn die großen Blätter voll entfaltet sind. Zwiebeln sind erntereif, wenn das Lauch vergilbt und umknickt. Zuckermais kann geerntet werden, wenn die Fäden sich schwarz verfärben. Bei einem Kürbis lohnt sich die Klopfprobe: Wenn es hohl klingt, dann ist er reif. Außerdem zeigen sich bei einem reifen Kürbis feine Risse um den Stängel. Die Röschen des Blumenkohls sollten bei der Ernte noch geschlossen sein. Bei Paprikaschoten ist die Ernte auch eine Frage des Geschmacks – grüne Schoten sind immer unreif und enthalten weniger Vitamine als die gelben oder roten Schoten. Wem die grünen Schoten allerdings besser schmecken, der wird sie trotzdem ernten.

Auch die Tageszeit ist für die Ernte wichtig: Bohnen, Möhren, Rote Bete, Salat oder Mangold sollte man am besten am späten Nachmittag ernten. Gegen Ende des Tages ist der Vitamingehalt am höchsten, während der Anteil am schädlichen Nitrat am niedrigsten ist. Aus diesem Grund eignen sich generell sonnige Tage besser für die Ernte als ein bewölkter Tag.

## OBSTERNTE

Bei der Obsternte ist es wichtig zu wissen, ob das Obst nach der Ernte noch nachreift – oder nicht. Äpfel reifen zum Beispiel noch nach. Trotzdem schmecken sie am besten, wenn sie reif geerntet werden. Dafür kann man die Kippprobe machen: Den Apfel um 90° abbiegen. Wenn sich dann der Apfel leicht vom Ast löst, kann die Ernte starten. Es lohnt sich, einen Apfel aufzuschneiden: Wenn die Kerne noch weiß sind, dann sind die Äpfel unreif, wenn sie braun sind, dann sind sie reif. Das Gleiche gilt für Birnen, bei denen allerdings die Lagerzeit meist sehr viel kürzer ist als beim Apfel. Quitten sind dagegen schlicht reif, wenn sie gelb sind.

Alle Beeren werden am besten am Morgen geerntet. Um diese Tageszeit sind sie am aromatischsten, außerdem sind um diese Tageszeit noch keine Wespen unterwegs, die ebenfalls an den süßen Früchten interessiert sind. Erdbeeren sollten immer mit dem grünen Stiel geerntet werden, dann halten sie länger. Die Reife von Kirschen lässt sich nur durch einen Geschmackstest überprüfen: Wenn sie süß und saftig sind, dann sind sie auch reif. Heidelbeeren, die irgendwann im Juli oder August zur Reife kommen, sollten komplett blau sein: Sie reifen nach der Ernte nicht mehr weiter.

Der Erntezeitpunkt von Stachel- und Johannisbeeren richtet sich nach dem Verwendungszweck. Je länger man

GARTEN

abwartet, desto süßer und aromatischer werden sie. Wenn man also mit den frisch geernteten, vollreifen Früchten sofort ein Kompott oder eine Marmelade herstellen möchte, dann gilt: je später, desto besser. Sollen die Früchte aber noch transportiert oder ein paar Tage gelagert werden, dann müssen sie vor der Vollreife geerntet werden. Deswegen wird man im Handel auch niemals die komplett reifen Früchte finden: Diese eignen sich schlicht nicht zur Lagerung.

Das Gleiche gilt für Himbeeren. Sie sollten vollreif geerntet werden, da sie nicht nachreifen – eignen sich dann aber nur sehr begrenzt zur Lagerung. Das erklärt den hohen Preis auf den Märkten. Wer allerdings eigene Himbeeren im Garten hat, der kann mit den reifen Früchten feine Marmeladen, Kuchen oder Soßen herstellen.

Zwetschgen werden etwa 14 Tage nach der Blaufärbung reif. Das sicherste Zeichen: Die ersten Zwetschgen fallen von alleine vom Baum. Leider werden die Zwetschgen an einem Baum nicht alle gleichzeitig reif – es lohnt sich, wenn man mehrmals zur Ernte vorbeikommt.

Mit der Kippprobe lässt sich überprüfen, ob ein Apfel reif ist: Um 90 Grad zur Seite biegen. Wenn der Apfel reif ist, löst er sich

# 8 ÜBERWINTERN – SO KOMMEN
## PFLANZEN GESUND INS NÄCHSTE JAHR

Irgendwann im Oktober oder November ist es so weit: Der Wetterbericht kündigt den ersten Nachtfrost an. Ein prüfender Blick auf die Terrasse sorgt oft genug nur für ein ratloses Schulterzucken. Sind die eigenen Pflanzen eigentlich winterhart? Oder vertragen sie nur leichten Frost? Muss ich wirklich alle Kübelpflanzen ins Warme holen – und wie warm soll es eigentlich sein? Ist ein finsterer Keller wirklich besser als das helle, zugige Treppenhaus?

In den meisten Fällen genügt zur Beantwortung dieser Fragen ein Blick auf die Herkunft der Pflanzen:

HEIMISCHE PFLANZEN sind für unseren Winter bestens gerüstet und müssen nicht ins Warme. Das gilt allerdings nur, wenn sie im Boden gepflanzt sind. Wenn sie in Töpfen und Kübeln auf Balkon oder Terrasse stehen, dann sind doch einige Vorkehrungen nötig. Die Töpfe sollten nicht direkt auf dem Boden stehen, sondern auf einem Untersetzer aus Weide oder Stroh. Sehr dekorativ und zweckmäßig sind auch kleine Füßchen aus Ton oder Stein, die unter den Topf geschoben werden. Auch der Topf wird eingepackt. Dafür eignen sich Jutesäcke, Stroh- oder Schilfmatten. Manche Arten vertragen Frost recht gut, benötigen aber den Schnee als Schutz und leiden unter Kahlfrost – das sind zum Beispiel Hortensien, Skimmia und manche Rosen. Diese deckt man mit einer Schicht Tannengrün oder Stroh ab. In einem milden Winter (wenn es also auch nachts nicht kälter als –10 °C wird) kommen heimische Arten allerdings allesamt ohne

Winterschutz aus. Viel bedrohlicher ist für viele Pflanzen die Frosttrocknis: Sie vertrocknen, weil viele Gartenbesitzer im Winter schlicht das Gießen vergessen. An frostfreien Tagen ist das allerdings ein Muss.

MEDITERRANE PFLANZEN halten durchaus einige Minusgrade aus – schließlich kann es auch am Mittelmeer im Winter kühl werden. Lavendel, Rosmarin, Lorbeerkirsche oder Olivenbaum sind hier die robustesten Pflanzen. Andere mediterrane Pflanzen fühlen sich im Winter in einem ungeheizten, frostfreien Wintergarten mit Licht am wohlsten: Das sind Kamelie, Goldorange, Passionsblume, Hanfpalme oder die junge Fuchsie. Laubabwerfende Arten wie Feige, verholzte Fuchsie oder Granatapfelbaum kann man sogar in eine finstere Garage stellen: Sie benötigen im Winter kein Licht.

Empfindlichere Mittelmeerpflanzen benötigen ein wenig höhere Temperaturen – ideal ist ein Kalthaus mit 5 bis 12 °C. Diese Überwinterung entspricht der Orangerie in klassischen Schlossanlagen, in der exotische, nicht winterfeste Pflanzen untergebracht waren. In hellen Kalthäusern fühlen sich Zitrone, Kumquat, Drillingsblume, Wandelröschen oder Oleander am wohlsten. Durch die Glasscheiben wird die Wintersonne allerdings abgeschwächt, sodass diese Pflanzen trotzdem ihren Stoffwechsel passend zur Jahreszeit reduzieren können. Sind die Temperaturen nämlich zu hoch, bilden sich unschöne lange Triebe mit kleinen Blättern. Generell gilt die Regel: Je dunkler, desto trockener und kühler. Ein Kalthaus ohne Licht ist ideal für Hammerstrauch, Veilchenstrauch, Engelstrompete, Geranie oder Enzianbaum.

SUBTROPISCHE PFLANZEN fühlen sich in einem temperierten Haus am wohlsten – und sie wollen auch nicht auf Licht verzichten. Bei 10 bis 15 °C erholen sich Gardenie, Agave, Hibiskus, Kapmalve, Eukalyptus, Purpurglöckchen, Glockenblume und Lorbeer am besten für den kommenden Sommer.

Sogar die Blüten der Christrosen nehmen im Schnee keinen Schaden

TROPISCHE PFLANZEN sind keine Winterpause gewöhnt – und müssen deshalb im Winter in Zimmerwärme und Licht gehalten werden. Dazu zählen die Dattelpalme, Zierbananen, Baumfarn oder Mimosen. Bei der trockenen Heizungsluft müssen diese Pflanzen im Winter auch immer wieder mit Wasser besprüht werden. Wenn sie nicht zu groß sind, kann man sie auch vorsichtig und lauwarm in der Dusche abduschen.

Generell sind die Wintermonate schwierige Zeiten für die Pflanzen: Bei zu wenig Wasser verdorren sie in der Heizungsluft schnell, bei zu viel Wasser fangen die Wurzeln an zu faulen. Besonderes Augenmerk muss auf Schildläuse und Spinnmilben gelegt werden. Bei einem Befall müssen die Pflanzen behandelt werden.